Machiavel

Julien Le Mauff

Machiavel

puf

Ouvrage publié à l'initiative scientifique d'Olivier Coquard

ISBN 978-2-13-087916-9

Dépôt légal — 1re édition : 2025, janvier

170 bis, boulevard du Montparnasse, 75014 Paris

INTRODUCTION

« Elle dispose du temps à sa façon, elle nous rehausse, elle nous détruit, sans pitié, sans loi ni raison [...] Ainsi la Fortune porte quelqu'un en haut, non pour qu'il y reste, mais pour le ruiner, et s'en réjouir, et qu'il pleure en tombant. » En quelques vers, Machiavel dévoile sa vision propre de la Fortune, maîtresse de la vie des hommes. Intéressons-nous donc à elle pour nous approcher du Secrétaire florentin, de l'auteur du *Prince*, de sa vie. Fortune semble ici plus qu'une simple allégorie : elle est un principe, la règle de toute existence. Pour Machiavel, elle est même un totem.

De lui, on ne connaît souvent que le nom, et même, plutôt, un adjectif qui en dérive – machiavélique. Dans l'imagerie populaire, Machiavel est ainsi la figure du mal, l'incarnation de la perfidie, de la ruse malhonnête, de l'hypocrisie, particulièrement dans le domaine de la politique. Ce n'est pas le moindre des caprices de la

Fortune – elle qui s'est, de son vivant, si souvent jouée du Florentin – que d'avoir travesti Machiavel après sa mort en avocat de la ruse et de la dissimulation, voire en suppôt du diable. Son œuvre a pourtant peu à voir avec cette image passablement distordue.

Si l'on veut prendre la peine de vraiment connaître Machiavel, il faut donc oublier cela, oublier la réputation posthume, les préjugés. Retrouver l'homme derrière le livre dont il est l'auteur et qui a fini par lui faire de l'ombre : son humour, ses secrets, ses fragilités. Depuis longtemps déjà, chercheurs et biographes se sont efforcés de débrouiller l'écheveau des légendes, sans parvenir, sans doute, à vraiment substituer, au Machiavel du machiavélisme, le Machiavel de l'histoire, celui qui naquit à Florence, en 1469, et mourut, dans cette même ville, en 1527, et qui, entre ces deux dates, se débattit face aux humeurs de la Fortune.

Le propos qui va suivre doit beaucoup à ces travaux existants. J'y tenterai, à mon tour, de rendre justice, non à Machiavel lui-même, mais à ce que nous savons de lui. Certes, des zones d'ombres subsistent, des doutes, des désaccords parfois entre spécialistes – et lorsque cela sera nécessaire, je le signalerai. Mais la vie de Machiavel peut être retracée avec une précision certaine, si l'on prend la peine d'entendre ce que nous en disent les sources, à commencer par ses propres écrits (ses textes politiques, mais aussi ses correspondances officielles, ses lettres personnelles, et encore ses œuvres poétiques, littéraires). Pour le reste, pour mieux connaître ses idées, et comprendre son véritable apport à l'histoire de ce qu'est la politique, comme domaine de pensée et comme activité, il importe en effet de partir de là : la vie, l'expérience vécue, à partir de laquelle se sont forgées toutes ses conceptions. Alors peut-être parviendrons-nous, à partir de ce Machiavel historique, à mieux comprendre celui que l'on connaît habituellement (ou que l'on s'imagine) à travers ses textes. Un Machiavel qui pourra, aussi, agir lointainement comme témoin, pour nous faire entrevoir un autre temps, et tout un monde disparu d'enjeux politiques et sociaux.

Pour commencer, donc, oublions tout. Oublions le Machiavel fantasmé, oublions *Le Prince*, oublions ce que nous avons lu de lui, sur lui. Et revenons là où tout commence. En nous laissant guider, pour traverser la brièveté d'une vie : « Il n'y a pas au monde une seule chose éternelle : la Fortune en veut ainsi, qui s'en réjouit, afin que l'on discerne mieux son pouvoir. »

L'Italie de Machiavel

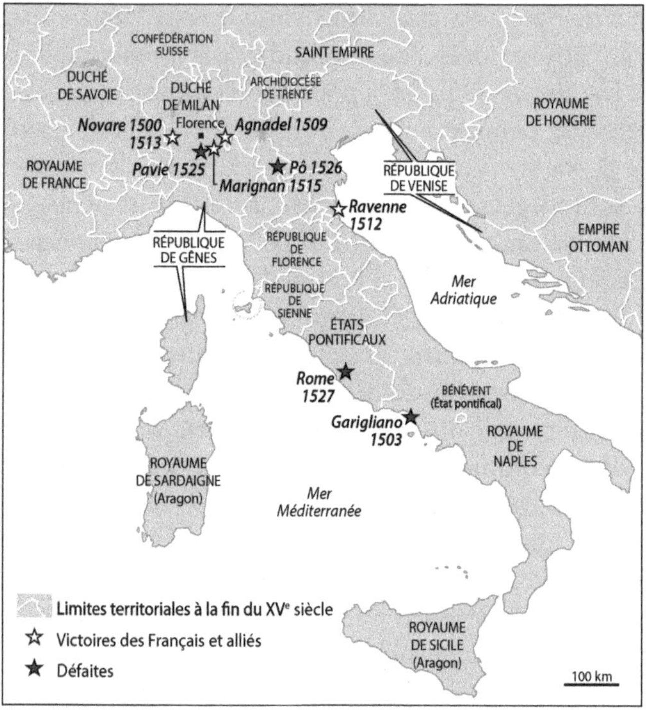

Chapitre I

UNE ASCENSION FLORENTINE (1469-1501)

L'enfant qui deviendra Machiavel naît le 3 mai 1469, à Florence. Nous sommes donc à la fin du XVe siècle, bien que l'on puisse préférer parler de Renaissance, de Quattrocento, avec tout le cortège évocateur de poètes et d'artistes qui accompagne ces termes. Machiavel naît cependant bien dans un environnement mental, politique et social qui est celui de la fin du Moyen Âge. Car si Florence est effectivement l'un des centres, voire *la* capitale de la renaissance artistique, celle-ci n'advient pas *ex nihilo*.

UN ENFANT DE FLORENCE

La ville de Florence est indissociable de son régime politique, vieux de plusieurs siècles : la république, que ses habitants associent étroitement à l'indépendance de la cité. À la naissance de Machiavel, la République florentine domine presque toute la Toscane, s'étant assurée la conquête progressive de Pistoia, de Pise et son port de Livourne, ou encore d'Arezzo… Bien qu'indépendantes, ses voisines Lucques et Sienne ne peuvent rivaliser avec Florence, qui s'est imposée comme le siège de l'un des gouvernements les plus influents d'Italie, occupant une position médiane entre les principales puissances de la péninsule : le duché de Milan et la république de Venise au nord, les États du pape à Rome et le royaume de Naples, au sud.

Florence à la fin du XVe siècle

Florence est une ville prospère, grâce au commerce, et surtout à son secteur bancaire. Depuis son introduction au milieu du XIIIe siècle, la monnaie d'or de Florence – le florin, orné d'une fleur de lys et, sur le revers, de l'effigie de Jean Baptiste – est devenue l'une des monnaies les plus utilisées dans les échanges à l'échelle européenne. Très vite imitée (le genovino de Gênes, ou encore le ducat de Venise, puis celui de Rome, sont de même poids et de même valeur que le florin), la monnaie florentine est une véritable unité de compte reconnue aux quatre coins du continent. Ce succès de la banque à Florence profite à quelques familles, et en premier lieu à l'une d'elles, à la tête de la plus grande banque d'Europe : les Médicis, qui gouvernent également de fait la ville. Nul titre nobiliaire cependant, ni encore de grand-duché de Toscane – ces réalités politiques datent de la fin du XVIe siècle. Pour l'heure, les Médicis gouvernent à travers les institutions en apparence républicaines de la Seigneurie, dont les membres sont désignés par les différentes corporations de la ville, les « arts ». Les corporations les plus puissantes sont aussi les plus significatives économiquement : l'*Arte del cambio* (le métier des opérations de change, assurées par les cambistes, et celui de la banque) ; l'*Arte di calimala* (la corporation marchande) ; ou encore l'*Arte della lana*, spécialisée comme son nom l'indique dans la production, le commerce et l'artisanat de la laine. La puissante domination des Médicis s'exerce donc à Florence, à la manière d'une dynastie. Quelques mois après la naissance de Machiavel, en décembre 1469, meurt Piero de' Medici, Pierre Ier dit « le Goutteux », à cause de l'arthrite qui le torturait de son vivant. Lui succède à la tête de la famille, de la banque, et donc de la Seigneurie, Lorenzo, son fils de 20 ans :

Laurent, bientôt surnommé le Magnifique, dont l'autorité s'étend jusqu'en 1492.

La prospérité de Florence n'est toutefois pas vécue pareillement par l'ensemble de ses habitants – 40 000 à 60 000 tout au plus, la Peste noire au XIVe siècle ayant divisé la population par deux, voire par trois. Puissante par son commerce et son secteur bancaire, la capitale européenne du capital distribue très inégalement ses richesses. Plusieurs recensements sont effectués par la Seigneurie pour fixer les impôts, et précisent le tableau social de Florence. Un cinquième de la population peut être qualifié d'aisée, parmi lequel quelques dizaines de familles véritablement « riches ». À l'opposé, la moitié de la population est « pauvre », c'est-à-dire composée de foyers qui ne possèdent rien et ne vivent que de petits salaires. Un menu peuple exclu des corporations de métiers, prolétariat livré aux coups du sort, composé d'ouvriers peu qualifiés, comme les cohortes de ceux qui, quotidiennement, battent la laine, la cardent, la préparent pour le filage… On appelle cette masse d'ouvriers pauvres, sales et guenilleux, les *ciompi* – l'étymologie est encore discutée, mais elle pourrait être rattachée au français « champi » désignant un enfant trouvé, un bâtard, soit un être destiné à la plus grande indigence. Cette foule laborieuse a donné son nom à la révolte populaire la plus célèbre et la plus intense de l'histoire florentine, au XIVe siècle. La révolte des Ciompi a marqué les mémoires, à Florence – Machiavel lui-même fera à ce sujet quelques commentaires. On sait, depuis cette révolte, que le peuple peut renverser le gouvernement, que les pauvres peuvent renverser les riches, faisant persister chez ceux-ci un mélange de crainte et d'aversion.

Florence affiche donc un visage opulent, puissant, brillant, le mécénat généreux des Médicis et de quelques autres grands noms (les Strozzi, les Rucellai, les Pitti) permettant à une foule d'artistes de vivre et de produire : Verrocchio, à l'atelier duquel se forment le Pérugin et Léonard de Vinci, ou encore Sandro Botticelli, Filippo Lippi et son fils Filippino, et tant d'autres. Mais Florence est aussi une ville pauvre, une ville populaire, une ville en somme, avec ses marchés, ses tavernes, ses crimes, ses exclus, ses mendiants, ses vagabonds, ses prostituées et toutes sortes de laissés-pour-compte…

Naissance et origines

« Je suis né pauvre », dira plus tard Machiavel, « et j'ai appris la peine avant la jouissance ». Niccolò pousse ses premiers cris dans un logement du Palazzo Machiavelli, dans la Via Romana (la rue de Rome), sur la rive gauche de l'Arno, non loin du majestueux palais Pitti, récemment achevé, et du Ponte Vecchio de nos cartes postales. Le Palazzo Machiavelli est loin cependant d'être un « palais » florentin tel qu'on pourrait se l'imaginer. Il s'agit d'un ensemble de constructions hétéroclites organisées autour d'une cour, le tout partagé entre différentes branches d'une vieille famille – les Machiavelli – établie à Florence depuis le XIIIe siècle. On connaît des Machiavelli juristes ou commerçants, et plusieurs membres ont déjà occupé des postes importants à la Seigneurie. La famille Machiavelli est étendue, et pourvue d'une certaine aisance, sans faire partie pour autant des plus puissantes. Certaines branches sont un peu moins fortunées – c'est le cas du foyer où naît le futur secrétaire.

Plus précisément, Niccolò est le fils de Bernardo Machiavelli, et de Bartolomea, fille de Stefano de' Nelli. Sa mère n'a pas 30 ans, mais elle en est déjà à son deuxième mariage après avoir perdu son premier mari, Niccolò Benizzi, un pharmacien. De ce premier mariage était issue une fille, puis deux autres sont nées de Bernardo. Niccolò est donc le quatrième enfant de Bartolomea – mais son premier fils. Bernardo Machiavelli, quant à lui, a près de 40 ans, il est éduqué, cultivé, avec une formation de juriste, et une honnête bibliothèque, qui compte parmi ses volumes un certain nombre de classiques grecs et latins. Pourquoi, alors, Niccolò parle-t-il de pauvreté ? Le père de Niccolò est un personnage singulier, et peut-être, déjà, une clé de compréhension pour notre approche de Machiavel, de son rapport au pouvoir, de son ambition. Si l'on ne manque de rien chez Bernardo Machiavelli, c'est principalement parce qu'il a hérité dès son enfance de son père. Bernardo est en effet orphelin. Il a hérité aussi de deux oncles. Toutefois, ces héritages sont alourdis de dettes, qui continuent à le suivre adulte. Bernardo lui-même gère d'ailleurs sa fortune et ses dettes avec scrupule : son *libro de ricordi*, livre dans lequel il consigne (selon une pratique répandue à Florence) les comptes de la maison et les événements familiaux importants, est d'ailleurs une source précieuse pour notre connaissance de la jeunesse de Machiavel. Chez les Machiavelli, on dépend donc souvent des ressources des terres que possède et administre Bernardo à la campagne, on est habitué à supporter les disettes, à gratter les fonds de tiroir. Bernardo aime les livres : quand il ne peut pas se les acheter, il les emprunte et les recopie à la main.

Il semble par ailleurs que Bernardo ait souffert de rumeurs sur la légitimité de sa propre naissance – son père n'aurait pas vraiment été son père, quoique l'accusation semble plus proche de la calomnie. Enfin, certains membres de la famille Machiavelli sont en délicatesse avec le régime des Médicis. Un cousin, Girolamo d'Agnolo Machiavelli, convaincu de conjuration contre le régime en 1460, a même fini ses jours en prison après être passé aux aveux.

Bernardo Machiavelli n'est coupable de rien. Pourtant, pour toutes ces raisons relatives à la réputation, il semble qu'il n'ait jamais vraiment eu de carrière, bien qu'il ait entretenu des relations amicales avec certaines personnalités politiques. Bartolomeo Scala, successivement chancelier et gonfalonier, met ainsi en scène dans son dialogue *Des lois et des jugements* (1483) son « ami et familier » Bernardo. Sans doute Machiavel noircit-il un peu le tableau, en prétendant être « né pauvre », mais dans la hiérarchie sociale florentine du moins a-t-il conscience d'être né plus proche de la pauvreté que des hautes sphères.

Enfance, éducation

Les premières années de Machiavel sont assez bien connues grâce au livre de *ricordi* de son père. Bien que l'éducation des enfants soit toujours à la charge de la famille, à Florence, le développement d'écoles depuis plus d'un siècle a permis de la normaliser chez une large partie de la population (du moins pour les garçons), dans une ville marchande où certaines compétences sont particulièrement recherchées : lire, écrire, compter... Venant d'une famille lettrée, peut-être Machiavel a-t-il déjà appris certains rudiments : il entre en tout cas le 6 mai 1476 (il a donc 7 ans) dans l'école d'un certain Matteo Della Rocca, maître de grammaire, pour apprendre à lire le « Donatello » – le « petit Donat », manuel courant de lecture et de grammaire latine. L'année suivante, le 5 mars 1477, il change de maître, et poursuit son apprentissage avec Battista di Filippo da Poppi. Bien que nous soyons mal renseignés sur son parcours au cours des trois années suivantes, il semble qu'en 1478 ou 1479 Machiavel ait reçu des leçons plus avancées de syntaxe latine : il aurait suivi les cours du maître Benedetto Ricciardini, en compagnie d'un cousin, d'un an son cadet. Le 3 janvier 1480, à 10 ans, il commence à assister aux leçons d'un certain Piero Maria, *maestro d'abaco*, c'est-à-dire un maître d'arithmétique : pendant près de deux ans, il apprend les chiffres arabes et les opérations courantes, bases indispensables pour qui est destiné à succéder un jour à son père à la tête d'une famille et d'un patrimoine, si modeste soit-il. Enfin, le 5 novembre 1481, Machiavel devient l'élève (en même temps que son petit frère Totto, né en 1475) de Paolo da Ronciglione, également connu sous le nom de Paolo Sassi, maître réputé qui approfondit sa connaissance des classiques, et lui enseigne la composition, les règles d'écriture.

Pendant ces années d'apprentissage, Florence change aussi, et le monde qui entoure Machiavel est à la veille d'un bouleversement majeur. Déjà, en 1478, la conjuration menée contre les Médicis par les frères Pazzi, issus de l'une des grandes lignées concurrentes de la plus puissante famille florentine, montre l'intensité des rivalités dans la cité. C'est au sein même du Duomo, la cathédrale Santa Maria del Fiore, sous la coupole de Brunelleschi, que les conjurés attaquent Laurent de Médicis et son frère cadet Julien. Le plus jeune meurt après avoir reçu dix-neuf coups de poignard. Laurent, lui, est blessé, mais sauf. Au grand dam des conjurés, la réaction des partisans des Médicis est immédiate, et le soutien populaire semble acquis à ceux-ci. Les trois frères Pazzi et leurs complices sont arrêtés, exécutés sommairement, pendus aux fenêtres du palais de la Seigneurie et à celles du Bargello, le siège de la police, puis traînés à travers la ville et jetés dans l'Arno. Malgré la mort de Julien, la domination des Médicis et de Laurent apparaît confortée.

Pourtant, Florence, et plus encore les Médicis, est toujours menacée. D'abord, en raison de l'intervention du pape Sixte IV en faveur des conjurés et contre leur répression, prélude à deux années de guerre entre Florence et les alliés du pape, qui se concluent par un fragile *statu quo*. Plus encore, la peste sévit de nouveau dans le nord de l'Italie, et Florence est touchée en 1479. Comme tous ceux qui le peuvent, la famille Machiavelli se réfugie momentanément à la campagne.

Incertitudes

Nous sommes donc au début des années 1480, Machiavel entre dans l'adolescence, les bases de son éducation sont acquises, et Florence est affaiblie par les luttes intestines, les guerres, et une épidémie de peste. C'est alors qu'apparaît une figure étrange, un frère dominicain à peine trentenaire, transféré en 1482 par son ordre au couvent San Marco de Florence. Le visage, sous sa chape noire, est reconnaissable entre tous – le nez aquilin marqué, la lèvre inférieure épaisse… Il s'appelle Girolamo Savonarola (Jérôme Savonarole) et ses prêches étonnent l'auditoire. Savonarole parle avec un accent marqué de Ferrare, d'où il est originaire, et reste fidèle à la méthode scolastique des universités médiévales, bien désuète à Florence. Ses sermons ont quelque chose d'à la fois barbare et archaïque pour des oreilles florentines, et pourtant ils sont habités d'une exaltation inconnue, qui accompagne la dénonciation obsessionnelle des vices qu'il voit partout autour de lui, en particulier à Florence. Plus encore, il établit un lien entre ces vices et les malheurs qui frappent la ville. Il annonce que de plus grands malheurs vont encore s'abattre non seulement sur Florence, mais aussi sur l'Église. Les péchés sont partout, et ils attisent la fureur divine.

Que dénonce Savonarole ? Pêle-mêle, l'idolâtrie, conséquence selon lui de la Renaissance humaniste qui a remis les auteurs païens au goût du jour ; l'astrologie ; le manque de foi ; et les pratiques simoniaques au sein de l'Église, par lesquelles est entretenu un véritable commerce des charges et des sacrements. Il dénonce encore les vices qui, à Florence, sévissent au coin des rues et derrière certaines portes discrètes. Les homicides, le jeu, la luxure, la prostitution, sans oublier le « vice florentin », par lequel on désigne en Europe la sodomie et, plus généralement, les rapports homosexuels. Florence n'est pas seulement considérée comme la capitale de la banque et des arts.

Où ces pratiques sont-elles réputées se répandre? Dans l'Église romaine, d'abord: le pape Sixte IV, qui meurt en 1484, est connu pour aimer trop charnellement les jeunes garçons, et des pratiques comparables sont dénoncées chez bien des ecclésiastiques partout en Italie, mais aussi dans d'autres couches de la société. Pour ce qui concerne Florence, les sources donnent une image relativement confuse de la situation. Au premier chef y est répandue l'homosexualité qui, malgré l'interdiction officielle et la menace de conséquences judiciaires en cas d'accusation, pouvait être vécue et pratiquée avec discrétion, d'une façon plus ou moins acceptée dans certains milieux. On sait que certains artistes étaient homosexuels, en premier lieu Léonard. Et puis, à côté de cela, il y a aussi les pratiques pédophiles, les agressions sexuelles, au sein de l'Église, ou encore dans les écoles. De tels agissements ne restent pas forcément impunis. Or, Paolo Sassi, celui auprès duquel Machiavel parfait sa connaissance de la rhétorique, est justement l'un de ces maîtres abusifs. Bien des années plus tard, alors qu'il est devenu maître de grammaire de l'école cathédrale, accusé d'avoir agressé sexuellement un ou plusieurs de ses élèves, il est démis de ses fonctions. Machiavel a-t-il pour autant été victime de son maître ? C'est un point de l'historiographie récente que l'on ne peut ignorer, mais rien ne permet de l'attester, ni même de former vraiment cette hypothèse. Certains s'en persuadent, et relient aussi ce possible événement à une autre hypothèse, c'est-à-dire à la bisexualité de Machiavel, qui pourrait transparaître dans certains de ses écrits (là encore, sans certitude, mais nous en reparlerons). Tout cela n'est sans doute pas inconcevable, mais deux problèmes restent irrésolus. D'une part, le lien établi par certains entre pédophilie subie et homosexualité vécue à l'âge adulte repose sur un préjugé sans fondement. D'autre part, les sources disponibles sur ces questions n'autorisent au mieux que des conjectures.

DE L'ANONYMAT À LA CHANCELLERIE

À quoi s'occupe le jeune Machiavel, une fois acquises les bases de son éducation vers 1480 ? Nous l'ignorons. À partir de 1487, Bernardo Machiavelli cesse en effet de compléter son livre de *ricordi*. Son fils a-t-il fréquenté le *Studio Fiorentino*, l'université de Florence – sans en avoir cependant jamais obtenu aucun titre ? Bernardo transmet-il progressivement à son fils aîné le soin d'administrer les biens et domaines familiaux ? De tout cela, aucune preuve n'existe. Machiavel traverse en fait près de deux décennies sans que nous ayons de lui la moindre nouvelle.

La fin des Médicis

Il faut nous porter en 1497 pour trouver quelque chose de sa main, et encore le manuscrit ne nous instruit-il guère que sur ses lectures, puisqu'il s'agit d'une copie à usage personnel du *De rerum natura* de Lucrèce, et de la comédie *L'Eunuque*, de Térence. De cette période date également une traduction assez libre de l'*Andria*, une autre comédie de Térence. Nous avons quelques vers, également, dont la datation est cependant incertaine, et qui pourraient tout aussi bien avoir été composés dans les années 1490 que vers 1500 – de même l'hypothèse selon laquelle ils seraient dédiés à Julien de Médicis, le troisième fils de Laurent le Magnifique, est fondamentalement invérifiable.

Nous savons que sa mère meurt le 11 octobre 1496. En tout, bien peu de choses en somme.

Comment Machiavel vit-il ces temps inquiets ? Après avoir quitté quelques années la ville, Savonarole y revient en 1490. Sans doute ses prêches n'avaient-ils été reçus quelques années auparavant qu'avec curiosité par une bonne partie de la population, si ce n'est avec quelques railleries. Inlassablement pourtant, son discours se durcit, il commente l'Apocalypse et, sur un ton de plus en plus prophétique, il met en garde les fidèles, au couvent de San Marco qu'il dirige maintenant, et dont la nef est de semaine en semaine plus remplie. Il avertit de la colère de Dieu, à l'encontre des péchés qui gangrènent l'Église romaine. Il se fait la voix des pauvres et des exclus, contre les riches, et contre la seigneurie de Florence, les Médicis en tête. Il annonce la punition prochaine. Si Savonarole s'attire la fureur de Laurent, il ne capitule pas : or, aux yeux du peuple, Dieu semblera bientôt lui donner raison. Malade, Laurent le Magnifique meurt en 1492, à 43 ans. Son fils Pierre II lui succède dans un contexte de crise et de défiance. Deux ans plus tard, en 1494, le roi de France, Charles VIII, allié aux Milanais, mène campagne en Italie pour reprendre aux Aragons le trône de Naples, qu'il revendique. L'alliance nouée par Florence avec

Naples devient très vite une source d'embarras. Pierre va au-devant du roi de France et, le 30 octobre, à San Stefano, négocie une entente aux airs de reddition, abandonnant notamment Pise, et ouvrant le chemin vers le sud aux troupes de la coalition française. Déjà impopulaire, Pierre perd définitivement le soutien du peuple, et celui d'une partie de sa propre famille : début novembre, il s'enfuit de Florence, d'où la branche aînée des Médicis est bannie.

Qui, alors, pour gouverner Florence ? Quelques jours après avoir reçu Pierre, Charles VIII accorde une audience à ses opposants, qui tentent de négocier pour assurer l'indépendance de Florence, tout en esquissant une refonte des institutions afin de tourner la page des Médicis. Parmi eux se trouve Savonarole. Le prédicateur joue, semble-t-il, des antagonismes entre les partis florentins pour s'imposer. Dans les tourments, le peuple s'est trouvé un prophète. Machiavel a 25 ans et voit, comme tous ses compatriotes, un frère dominicain prendre l'ascendant sur le gouvernement, et professer la transformation de la ville de l'argent, des arts et des excès en tout genre, en forteresse de l'ascétisme.

Savonarole – et les observations de Machiavel

Que veut Savonarole ? Une théocratie ? En pratique, suivi par une partie de l'élite florentine, et par certains grands noms – Sandro Botticelli aurait compté parmi ses partisans –, le dominicain tente de peser sur les institutions, s'appuyant comme les Médicis avant lui sur les fidèles qui y siègent. À aucun moment sa mainmise n'est totale. Il contribue également à la réforme de ces institutions, en tentant de réduire la domination des Grands, persuadé que le peuple, qui pour l'instant lui est dévoué, et surtout les pauvres dont il est persuadé qu'ils sont sensibles à ses prêches, seront ses alliés. Leur donner un pouvoir plus grand assurerait le succès de son projet de réforme morale de la ville. La voix de Savonarole est donc décisive lorsqu'il est décidé, à la fin de l'année 1494, de dissoudre les assemblées existantes pour fonder un Grand Conseil censé réunir, sur le modèle de Venise, tous les citoyens masculins de la cité.

L'emprise du dominicain sur la ville apparaît aussi, et frappe l'imagination, lorsqu'est organisé le grand « bûcher des vanités » du 7 février 1497, événement plus exceptionnel que ne le laissera penser la littérature postérieure, organisé en guise de carnaval, sur la place de la Seigneurie, pour rassembler et détruire tout ce que Florence peut compter d'objets susceptibles d'inciter au vice ou à la luxure. Livres, œuvres d'art, vêtements, instruments de musique, ou encore miroirs (dans lesquels femmes et hommes ont pris l'habitude de se perdre dans la contemplation d'eux-mêmes) : toutes sortes d'objets sont empilés et brûlés. Dans les rues de la ville patrouillent les partisans de Savonarole, des adolescents, des enfants, exerçant de leur autorité innocente et inflexible une police de l'apparence, du vêtement, de la vertu. Ses excès, et l'usure des alliances de circonstance qui le soutenaient, nuisent au crédit de Savonarole, dont le soutien populaire se réduit peu à peu. Pour ses prêches, il doit bientôt délaisser le Duomo et retrouver les murs de San Marco, où ne viennent l'écouter que ses fidèles.

Étrangement, c'est alors que resurgit Machiavel, dont nous avons deux lettres, datées du 1er et du 2 décembre 1497, au sujet d'un litige sur un bénéfice ecclésiastique entre les Machiavel et la puissante famille Pazzi. À 28 ans, il revient à Niccolò de faire valoir dans la première (une ébauche), auprès d'un destinataire non identifié, les arguments de sa maison, qu'il compare avec quelque orgueil à « des pygmées attaquant des géants». C'est avec le même tempérament que, le lendemain, il s'adresse au cardinal Giovanni Lopez, cette fois en langue vulgaire, celle qui est parlée à Florence, n'hésitant pas à affirmer que les Machiavel sont supérieurs aux Pazzi «en libéralité et en vertu d'âme».

Puis, le 9 mars 1498, vient une nouvelle lettre, beaucoup plus longue, et dont nous avons le brouillon, dans laquelle Machiavel parle de Savonarole. Il existe différents témoins de l'ascension de Savonarole, et de son éloquence. Bien des années plus tard, Michel-Ange dira entendre encore la voix du frère résonner à ses oreilles, lui qui avait une vingtaine d'années pendant cette parenthèse de l'histoire florentine. Machiavel quant à lui décrit dans sa lettre deux des derniers sermons sur l'Exode de Savonarole, prononcés au couvent de San Marco les 2 et 3 mars 1498. Le destinataire en serait quelque connaissance ayant suivi les événements à distance depuis Rome – peut-être Ricciardo Becchi, un temps envoyé de la Seigneurie à la curie romaine, et qui, ayant dû plaider la cause florentine pour apaiser le pape, a vraisemblablement été démis de ses fonctions à la date à laquelle la lettre est expédiée. «J'étais présent», dit Machiavel, expliquant comment Savonarole s'est comparé à Moïse s'élevant contre le joug égyptien, avant d'annoncer l'avènement prochain d'un tyran à Florence. Déjà Machiavel fait preuve de son habileté à dépeindre en quelques traits le caractère d'un discours, évoquant « l'audace » des sermons de Savonarole, mais aussi l'efficacité de la parole publique sur les foules : le frère inspire, dit-il, « une grande épouvante », et use d'arguments « très efficaces sur ceux qui ne les examinent pas ». Sans se priver d'ironiser sur l'élan prophétique du discours savonarolien, Machiavel en reconnaît la portée : « selon mon jugement, il seconde les temps, et colore ses mensonges ». Seconder les temps, s'appuyer sur les circonstances : dans ses premières pages transparaît déjà une thèse majeure de Machiavel, qui d'ailleurs répète l'idée pour conclure, s'en remettant au jugement de son interlocuteur : « vous qui connaissez nos humeurs [c'est-à-dire celles de la cité florentine et de son peuple] et la qualité des temps ».

Savonarole croit peut-être entendre la parole de Dieu, et sans doute aurait-il fait peu de cas des mots qu'écrira plus tard Machiavel sur la Fortune. « Sur un palais ouvert de toutes parts, on la voit régner, et si elle n'en interdit à personne l'accès, la façon dont on en sort est incertaine ». Le dominicain annonce un tyran, mais pour les Florentins, c'est lui désormais que l'on identifie à ce danger, et la tentative théocratique tourne court. Il est excommunié dès le 13 mai 1497 par le pape Alexandre VI, qui menace de jeter l'interdit sur la ville même de Florence (mesure qui entraînerait des conséquences diplomatiques et commerciales majeures). Perdant rapidement le soutien du peuple comme celui des élites, Savonarole est arrêté au sein de son couvent de San Marco assiégé par une foule d'opposants, et d'anciens partisans des Médicis, en avril 1498. Il est jugé, torturé, et condamné à mort : le 23 mai 1498, Savonarole est pendu, puis brûlé sur la place de la Seigneurie, à l'emplacement même où ont été détruites tant de coûteuses vanités.

Secrétaire de la chancellerie

La Fortune, toujours, dirige le monde. « Elle met les royaumes et états sens dessus dessous, selon son bon plaisir ». Tout change à Florence, où un nouveau régime doit s'organiser. Machiavel s'est-il rapproché d'un clan, d'un parti ? On le voit, il correspond avec certains dignitaires, il se montre intéressé par les affaires publiques. Or, et déjà à cette période, Machiavel a décidé d'entamer une carrière politique. Au cœur de la Seigneurie, après la chute des Médicis, créé sous l'impulsion de Savonarole, se constitue désormais un Grand Conseil qui réunit une grande partie des citoyens de Florence (un certain nombre de conditions restreignant toutefois l'assemblée aux hommes de plus de 29 ans, non débiteurs à l'égard du trésor public, et dont un ancêtre au moins, sur les trois générations précédentes, a déjà assuré une charge civique). S'y ajoute le Conseil des Quatre-Vingts, élu en son sein. Ces institutions véritablement républicaines constituent l'héritage du frère dominicain, et gouvernent la ville après lui. On construit en quelques mois au palais de la Seigneurie une gigantesque salle, pour réunir le Grand Conseil – dont la première session en février 1496 réunit 1 753 membres. Le gouvernement est complété, pour ce qu'on appellerait le pouvoir exécutif, par les traditionnels huit prieurs et le gonfalonier de justice qui dirige la Seigneurie – des postes qui sont renouvelés tous les deux mois.

Or, dès février 1498, des élections sont organisées au sein du Conseil des Quatre-Vingts pour désigner les deux secrétaires de la Seigneurie. Les élus se nomment Antonio Della Valle et Antonio Migliorotti, mais nous savons que, parmi les six concurrents à ce dernier, candidats au poste de second secrétaire, se trouve Machiavel, et qu'il passe le premier tour de l'élection devant le Conseil des Quatre-Vingts, mais est ensuite défait devant le Grand Conseil.

Sans être diplômé en droit ni connu dans la pratique de la discipline (comme notaire par exemple), Machiavel parvient donc à être pris en considération pour les postes que le gouvernement réorganisé doit pourvoir. Nous ne pouvons que deviner ce que tout cela a pu lui demander d'efforts, pour développer ses relations, chercher des soutiens, s'assurer des votes, prouver ses compétences. Peut-être a-t-il aussi bénéficié, au moins indirectement, des relations de son père Bernardo – comme avec Bartolomeo Scala, mort quelques mois auparavant. Toujours est-il qu'une nouvelle élection a bientôt lieu, qui concerne cette fois la chancellerie, administration-clé qui gère avant tout le flux d'informations et de documents, et la correspondance officielle de la Seigneurie. Deux chanceliers sont à la tête de cette institution, élus en février 1498 : Marcello Virgilio Adriani et Alessandro Braccesi. Or ce dernier, partisan déclaré de Savonarole, perd son office en avril. Il faut un nouveau second chancelier, et c'est à ce poste qu'est élu Machiavel. La date reste débattue, mais il semble que les deux tours de l'élection se soient déroulés le 15 juin 1498 devant les Quatre-Vingts et le 19 juin devant le Grand Conseil.

On a pris l'habitude de désigner Machiavel comme le « Secrétaire florentin ». Son titre est bien, pourtant, celui de second chancelier, mais il est effectivement courant de le désigner comme secrétaire de la chancellerie, par opposition à celui qui dirige l'institution, le premier chancelier. Ce terme de « secrétaire » ne diminue cependant en rien son importance. À Florence, les fonctionnaires désignés comme secrétaires (*secretarius*) sont ceux qui ont accès aux secrets (*secreta*), c'est-à-dire, au sens large, qui participent aux affaires les plus graves et prennent part au gouvernement, avec un accès total aux informations relatives à celui-ci.

En revanche, à 29 ans, et sans expérience connue, accédant à ses fonctions dans une période de renouvellement, Machiavel doit faire ses preuves. Le chancelier l'affecte donc en supplément, le 14 juillet, comme secrétaire au service des Dix, officiellement désignés comme *Dieci di libertà e pace* ou *Dieci di balìa*. La *balìa* désigne des pouvoirs exceptionnels, originellement attribués de façon temporaire à ces Dix, pour le temps de la guerre, sur le modèle de la dictature antique. En 1498, c'est, au sein de la Seigneurie, le conseil restreint chargé des affaires extérieures, de la paix et de la guerre.

PREMIÈRES MISSIONS

De fait, le travail de Machiavel à la chancellerie consiste, d'une part, à suivre toutes sortes d'affaires importantes, à en établir le rapport auprès des différentes autorités de la Seigneurie, et à entretenir une correspondance officielle fournie. Mais en tant que secrétaire il est aussi chargé de légations temporaires, missions d'observation à caractère vaguement diplomatique, moins formelles que de véritables ambassades et généralement utilisées pour poursuivre un but précis. Ainsi, témoin privilégié des menées des princes et des guerres qui parsèment l'Italie, Machiavel apprend-il empiriquement à penser le pouvoir.

La guerre de Pise

Quelques tâches cruciales se présentent à la République florentine restaurée, réimaginée après Savonarole, et parmi les plus urgentes figure la reconquête de Pise. La cité vassale s'est en effet soulevée en 1494, profitant de l'invasion française. Le 24 mars 1499, Machiavel est envoyé, pour sa première mission, auprès de Iacopo d'Appiano, seigneur de Piombino (sur le littoral, au sud de Pise), pour confirmer un contrat de recrutement d'un groupe de soldats. On appelle ce type de contrat une *condotta*, et le chef d'un tel groupe de mercenaires privé, un *condottiero*. À son retour, il rédige un rapport aux Dix sur la reconquête de Pise, véritable petit texte politique, le premier que nous ayons de sa main. Or ce qui frappe, c'est que Machiavel n'établit pas seulement un compte-rendu de la situation, mais adopte une construction dialectique. Immédiatement apparaît de façon presque instinctive son goût de l'argumentation, de la démonstration. Faut-il reconquérir Pise par les armes, ou essayer la voie de la négociation ? « Jamais ils ne viendront volontairement sous votre joug », dit-il aux Dix, et il n'existe « aucune voie pour récupérer Pise sans user de la force ». Faut-il attaquer maintenant, ou faire d'abord le siège de la ville ? Machiavel cite les raisons, aussi bien stratégiques que financières, en faveur de chaque solution, et conclut qu'un siège de quarante à cinquante jours devrait affaiblir suffisamment les défenses pisanes, avant de lancer un assaut décisif par trois côtés. Les arguments sont acérés, les conclusions, nettes : Machiavel montre un avis très arrêté sur la manière de faire la guerre.

En juillet 1499, Machiavel est envoyé, cette fois, auprès de Catherine Sforza, comtesse d'Imola et de Forlì, pour négocier la prolongation du contrat liant Florence au fils de cette dernière, et à ses troupes. Les exigences de la comtesse s'avérant finalement trop élevées, l'affaire ne se fait pas.

Florence lance pourtant ses opérations à Pise le 1er août, ayant confié la direction des troupes aux *condottieri* Paolo et Vitellozzo Vitelli. Toutefois, rien ne se passe comme prévu : l'assaut final est mal coordonné, des renforts parviennent à Pise depuis la ville voisine de Lucques, ce qui n'était pas prévu, et Paolo Vitelli finit même par quitter les lieux avec ses soldats. Le condottiere est finalement rattrapé, et condamné à mort par Florence.

L'année suivante, le 1er juin 1500, un nouveau siège est dressé. Machiavel assiste aux préparatifs. Venant d'être réélu à ses fonctions en janvier (il le sera chaque année, jusqu'en 1512), ses fonctions ne lui laissent aucun répit, à lui qui vient de perdre son père Bernardo, le 10 mai. Cette fois, Florence bénéficie de l'aide de la France. Louis XII, qui a succédé à son cousin Charles VIII mort accidentellement, poursuit en effet la politique italienne menée par son prédécesseur tout en élargissant le périmètre de ses prétentions, visant désormais le duché de Milan sur lequel il revendique des droits hérités de sa grand-mère, Valentine Visconti. Il envoie à Pise des mercenaires suisses engagés pour l'occasion. Après quelques jours, ceux-ci abandonnent cependant les lieux et cette seconde tentative se solde encore par un échec.

De ces péripéties, Machiavel retient peu à peu un principe. Il n'est pas raisonnable, pour un régime, de faire reposer son sort entre les mains de mercenaires, aussi prompts à réclamer leur solde qu'à décamper au moment de combattre. Cette idée, on la retrouvera dans presque tous ses écrits. Mais il n'est pas encore temps de tirer des leçons. La guerre s'éternise, et à Florence le mécontentement monte devant ces insuccès, et les impôts levés pour financer la reconquête. Alors, Machiavel est cette fois envoyé pour une mission cruciale en France, afin de plaider la cause florentine auprès de Louis XII. Il faut dire que celui-ci n'abandonne pas les visées françaises sur l'Italie, à la fois sur le royaume de Naples, et sur le duché de Milan. Le roi de France s'est donc récemment rapproché des Borgia, passant une alliance avec le pape Alexandre VI (Rodrigo Borgia), et avec le fils de ce dernier (Alexandre ayant eu une dizaine d'enfants de ses différentes maîtresses), Cesare Borgia, que Louis XII fait duc de Valentinois, autour de Valence, capitale d'un nouveau duché sur les bords du Rhône.

Machiavel en France

L'importance de la légation en France est signalée, d'abord, par le fait que Machiavel ne part pas seul. Il accompagne Francesco Della Casa, un ancien partisan de Pierre Ier qui avait, avant la chute de ce dernier en 1494, assuré des missions cruciales, notamment auprès de Charles VIII. Après une période de disgrâce, la Seigneurie fait donc appel à son expérience, tout en le secondant de l'énergique second chancelier.

Pour la première fois, Machiavel sort de Toscane, et pour quel voyage ! Le 18 juillet 1500, il quitte Florence avec Della Casa. Les deux hommes, après s'être arrêtés à Bologne, franchissent les Alpes. Le 26 juillet, ils arrivent à Lyon où ils doivent trouver la cour française, « avec la plus grande rapidité possible » assure Machiavel dans une lettre envoyée le 28, ayant emprunté les services de postes à chevaux dont les réseaux s'étendent précisément à cette époque à travers toute l'Europe. Là, ils croisent Lorenzo Lenzi, ambassadeur de Florence, qui prend la route de l'Italie. Pour signifier ses inquiétudes, la Seigneurie a en effet rappelé ses deux ambassadeurs à la cour du roi, et l'envoi de Machiavel et de Della Casa doit rebattre les cartes de la négociation, tout en permettant de prendre le temps nécessaire pour élire un nouvel ambassadeur.

Cependant, Louis XII vient de quitter Lyon, et le suivre en empruntant les postes est impossible. Il faut aux deux Florentins s'équiper, se procurer des chevaux. Les 80 florins avancés par la Seigneurie pour chacun sont déjà presque entièrement dépensés, et plusieurs fois Machiavel et Della Casa réclament de nouveaux fonds. Ils parviennent toutefois bien à partir de Lyon le 30 juillet, et se mettent à la poursuite de Louis XII qui, avec la cour, a pris la route du nord. Le 5 août, les deux mandataires envoient de Saint-Pierre-le-Moûtier, non loin de Nevers, une lettre rendant compte de leur progression et, une nouvelle fois, de leur besoin d'argent. Le 6, ils parviennent à Nevers, et s'entretiennent avec le cardinal et archevêque de Rouen, Georges d'Amboise, ainsi qu'avec le roi.

L'entrevue se passe mal. Louis XII estime son honneur touché par la défaite à Pise, et considère que Florence doit non seulement renverser Pise sans guère compter sur un soutien supplémentaire, mais encore rembourser au roi de France la solde des mercenaires suisses qu'il a dû leur verser, la Seigneurie ayant refusé de les payer après leur défection. Une nouvelle entrevue se déroule à Montargis le 10 août. Le dialogue paraît s'enliser. Della Casa et Machiavel tiennent fermement leurs positions, n'ayant d'ailleurs comme mandataires aucune marge de négociation réelle. Ils suivent encore la cour à Melun et, le 27 août, rendent compte de ce que la situation reste figée. Tous les arguments avancés par les deux émissaires pour faire valoir la fidélité de Florence et ce qu'elle peut avoir coûté aux Florentins semblent tomber à plat : « tout est superflu » car les Français sont « aveuglés par leur puissance » et n'ont d'estime que pour « qui est armé, ou qui est prêt à donner ». La seule issue serait l'arrivée du nouvel ambassadeur, qui aurait de son côté un pouvoir de négociation plus important, pour répondre aux exigences inflexibles du roi de France, concernant les 38 000 francs correspondant à la somme payée aux Suisses.

Durant ce temps, la Seigneurie paraît du moins apprécier les lettres qui lui parviennent de ses deux émissaires, puisque l'augmentation réclamée plusieurs fois est finalement acceptée, comme le communique le 27 août à Machiavel son frère Totto, qu'il tient informé de son voyage. Cela risque toutefois de ne pas suffire, car le séjour de Machiavel et Della Casa se prolonge, devenu désormais sans objet, mais dans une ambiance de franche détestation à leur égard. Il leur faut cependant attendre l'élection du nouvel ambassadeur florentin, or à Florence plusieurs désignations sont effectuées, mais les élus, l'un après l'autre, refusent le poste. Le 20 septembre, près de deux mois après leur arrivée, la Seigneurie les informe qu'il n'y a toujours pas d'ambassadeur, tout en refusant un nouveau supplément à leurs appointements. Lassé, et peut-être malade, Francesco Della Casa quitte momentanément la mission pour rejoindre Paris, tandis que Machiavel suit la cour à Blois, où elle demeure jusqu'à la mi-octobre et où, quotidiennement, il s'évertue à ce que le dialogue avec le roi et son entourage ne s'envenime pas une nouvelle fois.

Enfin, la situation évolue favorablement. Machiavel, qui se trouve désormais à Nantes où s'est déplacée la cour, est informé de l'élection d'un ambassadeur, Pierfrancesco Tosinghi, qui se trouve déjà en route. Il transmet la nouvelle à Louis XII, ainsi qu'il le communique dans une lettre du 25 octobre. Il lui faut prendre désormais son mal en patience : Machiavel suit encore la cour à Tours en novembre et, le 12 décembre, la Seigneurie expédie la lettre autorisant ses deux émissaires à prendre le chemin du retour. Le temps qu'elle lui parvienne, et qu'il refasse le chemin en sens inverse : le 14 janvier 1501, au détour d'un chemin, Machiavel voit enfin se profiler au creux des collines une mosaïque familière de toits orange, de tours, de flèches, et la coupole de Santa Maria, majestueuse et rassurante. Sa ville, sa patrie, son âme. Florence.

Florence et la Toscane

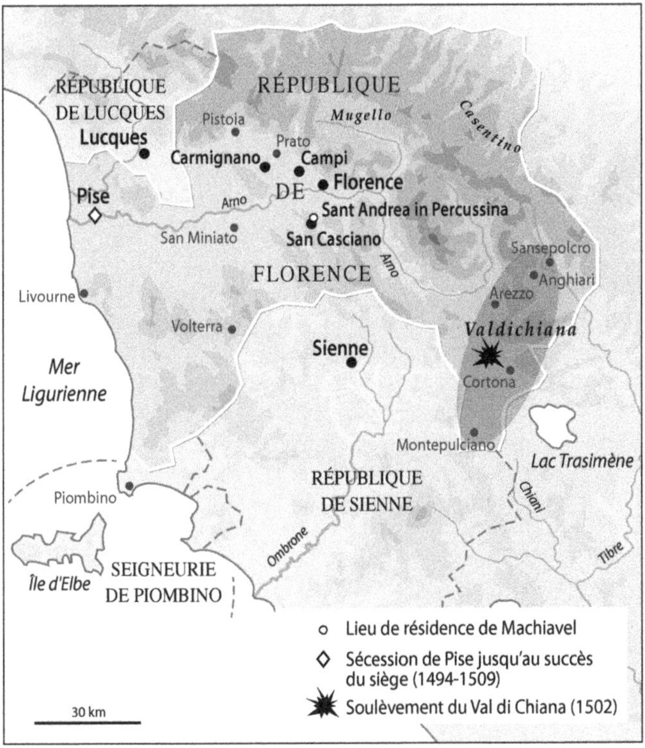

Chapitre 2

LE MOMENT CESARE BORGIA (1502-1503)

Encore et toujours, la Fortune change la face du monde. « Elle est dite par beaucoup omnipotente, parce que quiconque vit en ce monde en sent tôt ou tard la force. » Or la Fortune semble avoir trouvé qui favoriser : si le ciel s'est finalement éclairci sur la mission française de Machiavel, c'est en effet que les événements avaient fini par presser la Seigneurie, et d'abord, en raison des menées de Cesare Borgia. Désormais allié de la France, et parti à la conquête de la Romagne, il commence à inquiéter la cité toscane.

FLORENCE EN DANGER

Ayant chassé Catherine Sforza d'Imola et Forlì à la fin de 1499, Cesare y ajoute en 1500 Cesena et Rimini, et assiège Faenza, pour se tailler progressivement un domaine au milieu des puissances italiennes. Ces prises restent pourtant en deçà de son insatiable ambition. Faut-il s'en émouvoir, à Florence ? On comprend que le règlement du montant exigé par le roi de France, seul apte à contrôler les menées du nouveau César, ait pu finir par apparaître nécessaire. La somme est finalement bien réglée, négociée en plusieurs échéances.

Les menées de Borgia et les désordres de Pistoia

Et puis, parmi les possessions de Florence, d'autres affaires paraissent urgentes, qui échoient à Machiavel en tant que second chancelier, à son retour de France. C'est le cas à Pistoia, ville importante, assez proche, au nord de Florence, soumise depuis le XIIIe siècle – ville-frontière, ville-clé, donc, en cette période de guerres. Or Pistoia est traversée de différends entre deux factions familiales et politiques, les Panciatichi et les Cancellieri. Ces divisions sont historiquement plutôt entretenues par Florence pour mieux assurer sa domination, mais alors que la reconquête de Pise reste en suspens, et que Cesare Borgia étend ses conquêtes, il faut éviter que les luttes internes à Pistoia ne finissent par fragiliser la domination florentine. Les Panciatichi ayant été expulsés en 1500 de la ville par leurs rivaux, et le palais Panciatichi réduit en cendres, des groupes rebelles troublent les campagnes alentour. Certains rejoignent même le camp de Pise. Machiavel est donc envoyé le 2 février 1501 à Carmignano, un village entre Florence et Pistoia, près duquel sévissent des Panciatichi. On n'en sait guère plus, sinon que les affaires de Pistoia ne s'arrangent pas dans l'immédiat.

Il faut dire que, tandis que Machiavel travaille à pacifier la situation à Pistoia, ailleurs en Italie, Cesare Borgia parvient à ses fins. Il prend Faenza en mai 1501. La Romagne est tout entière à lui. Vers où se tourner alors ? L'appétit de Cesare grandit au rythme de ses conquêtes, et c'est vers Bologne qu'il se dirige, quand le roi de France lui ordonne d'arrêter ses troupes. Louis XII a promis la tranquillité à Giovanni Bentivoglio, qui y règne. Toujours en mouvement, Cesare rejoint alors les troupes de son père, le pape, qui font le siège de Piombino, cité fortifiée sur la côte tyrrhénienne, c'est-à-dire précisément au sud-ouest de Florence et de ses possessions, alors que la Romagne est à l'est. Pour cela, il lui faut donc traverser le *dominio* florentin. Il s'en donne l'autorisation et, sur son passage, fait halte près du village de Campi, à une douzaine de kilomètres seulement au nord de Florence. Ses troupes dévastent les environs, et le duc de Valentinois menace de prendre la *rocca* (la forteresse) de Campi, dernier ouvrage défensif avant les murs de Florence. Dans la ville, la rumeur court d'une attaque imminente, les opposants à la République retrouvent de la vigueur, le parti des Médicis reprend espoir. Cesare tente tout simplement de rançonner la cité et son gouvernement. Il doit cependant changer d'idée, une nouvelle fois sur l'injonction de Louis XII, et repart le 17 mai 1501 vers Piombino, qui tombe entre ses mains le 3 septembre.

Mariage

Le passage inattendu de Cesare Borgia vient appuyer une certitude : il devient urgent de régler la situation de Pistoia. Florence y envoie ses commissaires, Machiavel en particulier s'y rend au mois de juillet, et de nouveau en octobre. D'autres brèves missions lui sont confiées à la même période, à Cascina ainsi qu'à Sienne, pour discuter quelque affaire, alors qu'il est crucial de s'assurer de la stabilité de l'ensemble des possessions florentines.

L'enjeu pour la République est crucial, mais un tel contexte de menaces et d'incertitudes ne peut que favoriser la carrière de Machiavel. L'homme saisit son destin, et pour le reste, la vie fait son œuvre : entre ces déplacements, au cours de 1501, il se marie – la date précise n'est pas connue. Marietta Corsini, son épouse, est issue d'une de ces familles dont le nom, à Florence, est connu et soutenu d'une certaine réputation. La fortune des Corsini, négociants inscrits depuis le XIIIe siècle à l'*Arte della lana*, en fait des *popolani grassi*, membres d'une bourgeoisie riche qui, sous le régime républicain, a vu son importance politique se renforcer. Épouser Marietta est donc, pour Machiavel, l'un des éléments d'une trajectoire sociale ascendante, en accord avec une carrière prometteuse. Nombreux sont d'ailleurs les Corsini qui ont par le passé occupé des postes prestigieux à la Seigneurie.

Marietta a 20 ans et n'a pas vraiment connu son père, mort avant son premier anniversaire. Elle a cependant pu compter, pour son éducation, sur son beau-père Piero Del Nero, issu lui-même d'une famille de la noblesse génoise (certaines sources le donnent cependant comme son beau-frère). En toute logique, il était du devoir moral de celui-ci de trouver à sa belle-fille un époux digne de leurs deux lignées. Membre des Dix,

Piero Del Nero semble avoir trouvé en Machiavel, dont il a pu suivre les habiles menées pendant sa légation en France, un époux idéal pour que Marietta quitte le foyer à l'âge et dans les conditions socialement requises. Elle rejoint la maison Machiavelli de la Via Romana, où Niccolò est né et où il fonde maintenant à son tour un foyer. Des enfants qui leur naîtront, la première est une fille prénommée Primerana ; la date de naissance n'est pas connue, mais on pense qu'elle voit le jour au cours de l'année 1502. Il faudra cependant à Marietta composer avec les allées et venues du secrétaire qu'elle a épousé, si souvent sollicité par la Seigneurie pour ses missions.

À partir de ces expériences, bien qu'éprouvantes, Machiavel montre sa capacité singulière à articuler observations du terrain et réflexions politiques autant que stratégiques. Il rapporte ainsi, en mars 1502, ses opinions sur la question pistoienne dans un *De rebus pistoriensibus*, probablement à destination du gonfalonier Giovanni di Corrado Berardi. Il énonce sans détour un risque : que la situation à Pistoia évolue comme à Pise. Après un bref argumentaire est dressée une liste de mesures à prendre aussi bien pour la ville de Pistoia que pour le *contado* qui l'environne. Celles-ci sont on ne peut plus sévères à l'égard des deux factions :

il faut d'abord « interdire, éteindre et détruire les deux factions, et qu'elles changent d'armes et de nom ». D'autres mesures sont proposées pour pacifier la situation et rassurer la Seigneurie florentine, notamment une réforme des institutions de Pistoia selon les formes républicaines, ou encore que chaque commune avoisinante jure désormais fidélité directement à Florence.

« PAS DE JUSTE MILIEU »

1502 et 1503 sont deux années cruciales pour Florence, et pour la formation des idées politiques de Machiavel. Les événements de 1501 – la persistance du soulèvement pisan, le désordre à Pistoia, la menace d'une attaque de Cesare Borgia – imposent à la Seigneurie de stabiliser à la fois la situation intérieure et ses relations avec l'extérieur. Pour ce dernier point, la volonté de Florence rencontre celle de Louis XII qui, étant parvenu à prendre Milan en avril 1500 et Naples en septembre 1501, est soucieux de conforter les alliances nouées le long de la péninsule, le bruit courant que l'empereur germanique, Maximilien, songerait à son tour à une expédition italienne.

La méthode Borgia

L'alliance avec la France est donc renouvelée le 16 avril 1502. C'est la seule garantie véritable contre l'expansion de Cesare Borgia, qui se poursuit à la même période. Machiavel est par ailleurs envoyé à Bologne, auprès de son seigneur Giovanni Bentivoglio – sur lequel les désirs de conquête de Cesare pesaient, avant que Louis XII ne l'en détourne. Peut-être à la Seigneurie imagine-t-on forger quelque solidarité pour résister aux appétits du duc.

À Florence, on imagine revenir à l'assaut des murs de Pise. Cependant, la ville d'Arezzo se lève contre la tutelle florentine le 4 juin 1502. Le soulèvement n'est pas sans lien avec Cesare, d'ailleurs, puisqu'il est soutenu par l'un des *condottieri* à son service, Vitellozzo Vitelli, celui-là même qui, trois ans plus tôt, a abandonné l'assaut florentin contre Pise, et dont le frère Paolo a été exécuté en rétorsion par la Seigneurie. Aussi persistent des craintes face au risque de déstabilisation, voire de fragmentation pure et simple des terres de Florence. En quelques jours, tout le Val di Chiana se soulève : de Monte San Savino, Cortone et Castiglione sur le lac Trasimène, jusqu'à Anghiari et Sansepolcro, c'est un front de cinquante kilomètres qui s'ouvre au sud-est.

Peu après, le 22 juin, parvient à la Seigneurie une missive de Cesare Borgia, qui requiert de Florence l'envoi d'un ou deux représentants, en restant très vague sur l'objet de cette invitation aux allures de convocation. Le jour même, Machiavel est envoyé par les Dix, cette fois en compagnie de l'évêque de Volterra, Francesco Soderini. La nouvelle de la prise d'Urbino (ou Urbin) par le Valentinois leur parvient en cours de route. Il semble que Cesare ait trahi la confiance du duc d'Urbino, Guidobaldo de Montefeltro ; l'attaque prend en tout cas celui-ci au dépourvu. Le Borgia venant de Spolète, une possession du pape, et se dirigeant vers Camerino pour faire la conquête de ce petit duché enclavé dans les territoires pontificaux, il décide subitement de scinder ses troupes en deux, une partie poursuivant vers la cible prévue, et l'autre se dirigeant en toute hâte vers le nord pour faire tomber Urbino.

Machiavel ne manque pas de souligner l'efficacité de l'attaque du Borgia, dans une lettre envoyée aux Dix en faisant halte sur le chemin d'Urbino – au nom de l'évêque Soderini, mais rédigée par Machiavel, qui trace jusqu'à la signature du prélat. « La manière de cette victoire », dit-il, « est entièrement fondée sur la prudence de ce seigneur qui, se trouvant à environ 7 milles de Camerino, sans manger ni boire, se présenta à Cagli, distant d'environ 35 milles, et dans le même temps fit assiéger Camerino, tout en menant des attaques. Que vos Seigneuries notent ce stratagème, d'une grande rapidité combinée avec une extrême félicité ». Comme il le dit encore quelques jours plus tard, voilà comment, du duc d'Urbino, « on a appris la mort avant la maladie ». L'esprit, l'ironie même, vient ici appuyer l'expression du danger qui pourrait bien un jour s'abattre sur Florence.

On perçoit, chez Machiavel, une admiration certaine pour les manières de Cesare Borgia, parvenu en quelques mois, à partir de rien (si ce n'est, tout de même, que son père est pape et que le nom de Borgia en impose) à bouleverser l'équilibre des puissances italiennes, à faire trembler les plus grands princes, à s'offrir les meilleurs chefs de guerre, et même les artistes les plus réputés – il recrute au printemps 1502 Léonard de Vinci qu'il nomme architecte et ingénieur en chef, pour inspecter, cartographier et renforcer ses forteresses. La méthode de la guerre éclair, l'audace des choix, la vivacité dans la décision, la capacité à saisir l'occasion lorsque se présente le moment favorable : tout cela, dans l'analyse de Machiavel, fait du jeune

César un dirigeant habile, c'est-à-dire prudent et, par conséquent, heureux – fût-ce en usant de la surprise, et en faisant fi des alliances ou des ententes.

Légation à Urbino

C'est donc à Urbino que parviennent les deux envoyés de Florence auprès de Cesare Borgia, le 24 juin 1502, en fin de journée. Le duc les reçoit sur le champ, dans la soirée, pour un entretien long, mais sans aménité. Il réclame des garanties, des promesses, et une attitude plus complaisante de la part de la Seigneurie florentine. « Si vous ne me voulez pas comme ami, vous m'éprouverez comme ennemi », dit-il. Interrogé sur les événements d'Arezzo, Cesare Borgia écarte la question avec une fermeté frisant le dédain. Oui, Vitellozzo est bien l'un de ses hommes, mais lui, Cesare, n'a aucune partie liée avec son implication dans le récent soulèvement : « Vitellozzo le fait pour se venger ». C'est à Florence en somme que reviendrait la responsabilité des faits, en ayant donné au condottiere des motifs de vengeance. Plus encore, le succès de Vitellozzo n'aurait été rendu possible d'après lui que par le mauvais gouvernement des Florentins, leur désunion, et la faiblesse de leurs forces. Et puis, Borgia affirme avoir refusé les terres qu'on lui offrait après ce soulèvement, comme s'il avait agi là par égard pour Florence. Que les Florentins se décident, toutefois, presse-t-il en répétant ses menaces : « Entre vous et moi, il ne peut y avoir de juste milieu : j'ai besoin que vous soyez, soit mes amis, soit mes ennemis. »

Le lendemain, 25 juin, la journée s'écoule sans que le duc se montre aux deux émissaires. Son entourage les assaille cependant de franches menaces, les frères Orsini surtout, Paolo et Giulio, deux *condottieri* passés du camp Médicis au service du pape Alexandre, puis de son fils. « Quelqu'un doit perdre à la fin, et ce sera vous », annoncent-ils, arguant : « Nous sommes déjà les seigneurs d'une grande partie de votre pays, et il ne vous restera plus aucune terre. » D'ailleurs, Florence n'a ni leurs troupes, ni leur artillerie, et en cas de conflit, les Français, pensent-ils, auront tôt fait de rompre leur alliance avec la Seigneurie toscane et de prendre parti pour Borgia. La provocation atteint des sommets dans ces propos que continue de transcrire Machiavel pour les Dix, ses lieutenants montrant leur confiance en Borgia en même temps que leur propre convoitise : « Vous voyez aussi ce que fait son soldat Vitellozzo : et vous verrez ce que nous ferons, nous, qui serons les premiers sur vos terres, avant même que vous n'y soyez revenus. » L'attaque serait-elle imminente, ou n'est-ce là qu'une ruse pour forcer Machiavel et Soderini à se montrer plus malléables ? Les Orsini sont pourtant prêts à prendre les paris, et séance tenante, ils proposent de gager un cheval de 50 ducats. Dans le même temps, rapporte Machiavel, ils incitent le duc à rompre les discussions, et à passer à l'action – quoique, là encore, la possibilité d'une forme de mise en scène pour faire plier les Florentins ne soit pas impossible. Tout cela nous le savons, encore une fois, parce que Machiavel en fait le récit aux Dix dans une lettre, le 26 juin.

Dans ces pages, Machiavel montre une préoccupation : faire prendre conscience du danger aux dirigeants florentins. Il évalue les forces dont dispose Cesare Borgia : 16 000 hommes, au bas mot, bien que ses lieutenants en revendiquent 20 000 à 25 000. Surtout, c'est la personnalité du Valentinois qui fonde ses craintes : « Ce seigneur est très splendide et magnifique ; et dans les armes il est si fougueux qu'il n'est chose si grande qui ne lui paraisse petite ; et pour la gloire ou la conquête d'un état, jamais il ne se repose, ignorant la fatigue comme le danger. » Ses déplacements rapides et imprévisibles, l'affection de ses soldats (les meilleurs d'Italie, d'après Machiavel) : voilà la source du succès de Cesare Borgia. « Ces choses, s'ajoutant à une fortune perpétuelle, le font victorieux et formidable », ainsi que le résume Machiavel.

Le soir, le duc accorde finalement un entretien, et Machiavel ajoute quelques lignes à sa lettre, avant de l'expédier. Cesare a une nouvelle fois annoncé ses exigences et ses menaces, répétant comme la veille qu'il « ne peut, ni ne veut rester dans cette ambiguïté, mais désire être votre ami », dit Machiavel aux Dix. En revanche, sans assurances de la part de Florence, « il veut être votre ennemi déclaré ». Borgia y ajoute un délai, véritable ultimatum : la Seigneurie a quatre jours pour lui donner satisfaction. Machiavel ne perd pas un instant et rentre à Florence à peine sa lettre expédiée, laissant Soderini prolonger les entretiens à Urbino.

Réaction florentine

Sur le plan personnel, la mission de Machiavel est un plein succès. À la Seigneurie, la situation est désormais prise au sérieux, et les institutions sont réunies le 27 juin. Il est hors de question de se plier aux exigences de Cesare, ce qui reviendrait à sacrifier la liberté et le caractère républicain du régime pour se soumettre à l'homme du moment. Florence en appelle donc à son allié, le roi de France. Or celui-ci est mis au courant, dans le même moment, de la rébellion d'Arezzo et des mouvements incessants du duc de Valentinois. Louis XII, si indécis encore quand Machiavel le quittait quelques mois plus tôt, se décide pour la fermeté à l'égard de Cesare Borgia. Il prend parti pour Florence, et envoie ses soldats appuyer la Seigneurie (contre un engagement ferme des Florentins à les ravitailler).

Bientôt, les troupes françaises reprennent Arezzo et ses environs, le 1er août 1502. Machiavel y est envoyé du 15 au 19 août pour échanger avec le commandant français, Antoine de Langres. Celui-ci restitue la cité aux Florentins le 27 août, et Machiavel s'y rend de nouveau deux fois, le 11 et le 17 septembre, sans doute pour s'assurer de la bonne reprise en main des affaires locales par les Florentins. Il écrit même à ce propos un court texte sur « la façon de traiter les peuples rebelles du Valdichiana » (*Del modo di trattare i popoli della Valdichiana ribellati*). Dans ces pages, les premières pour lesquelles il s'appuie sur Tite-Live, Machiavel présente avec franchise les options présentes, invitant à manier habilement le pardon et la cruauté contre les anciens insurgés. Cesare Borgia de son côté reste les mains vides. Entre-temps, il a même dû se retirer d'Urbino où la population s'est révoltée contre lui. Si le pari avait été tenu, les Orsini y auraient perdu leur coursier…

Cet épisode fait aussi prendre conscience aux Florentins de la fragilité de leurs institutions, et du besoin d'un pouvoir plus ferme, et mieux identifié par leurs opposants et leurs éventuels ennemis. Dans l'été 1502, on décide la transformation du poste de gonfalonier de justice, à la tête de l'exécutif, un poste renouvelé tous les deux mois, en gonfalonier à vie. Pier (ou Piero) Soderini est élu le 22 septembre, pour une prise de fonctions le 1er novembre. Piero Soderini est le frère de l'archevêque Francesco Soderini avec qui Machiavel s'est rendu à Urbino. Les Soderini avaient compté parmi les soutiens des Médicis (Piero et Francesco étant cousins de Laurent le Magnifique par leurs mères respectives). Piero Soderini a été par le passé ambassadeur de Pierre II auprès de Charles VIII, avec les résultats que l'on sait. À un âge relativement avancé, ayant déjà été gonfalonier de justice, il est considéré comme le garant idéal des institutions, des libertés florentines, et de la médiation entre les partis. Sans descendance, il présente enfin l'avantage de ne pouvoir être soupçonné de quelque dessein dynastique. Avec Cesare Borgia, il fait partie de ceux dont la pratique politique sera particulièrement scrutée par

Machiavel, et dont il tirera certaines de ses leçons les plus fermes. Il semble par ailleurs que Machiavel ait la confiance de Soderini, et qu'il fasse partie des hommes sur qui le gonfalonier se repose.

LÉGATION À IMOLA

Les aventures de Cesare Borgia se poursuivent, cependant. Bientôt pardonné par le roi de France, il obtient même l'autorisation de prendre enfin Bologne à son seigneur Giovanni Bentivoglio. Avant cela toutefois, le fils du pape doit mettre au pas les lieutenants dont l'impatience aurait pu tant lui coûter, et dont la fidélité vacille après que la crise florentine se fut conclue en sa défaveur. Ils comprennent en effet qu'il n'est pas non plus dans les projets de Borgia de laisser les uns et les autres fonder leur état, comme Vitelli avait peut-être cru le faire à Arezzo.

Les bonnes dispositions du duc

Ses capitaines réagissent cependant les premiers face à Cesare : fin septembre, ils se liguent contre lui à

Magione, entre Pérouse et Arezzo, entre les terres du pape et la Toscane. Parmi les conjurés, on retrouve Vitelli, et les Orsini, et d'autres encore comme le Siennois Pandolfo Petrucci, dont Machiavel parlera dans *Le Prince*. Essayant de garder la main, Cesare propose désormais à Florence une alliance ! Celle-ci est reçue sans enthousiasme, mais il faut envoyer quelqu'un y répondre, et c'est Machiavel qui, pour avoir déjà su tenir tête au Valentinois, prend une nouvelle fois la route le 6 octobre 1502, pour se rendre cette fois-ci à Imola. Il y parvient le 7 et, tout juste arrivé, se présente en habit de voyage, devant le duc qui le reçoit pour un échange beaucoup plus aimable qu'en juin. Machiavel félicite Cesare qui, en retour, s'en prend à ses anciens alliés, les Orsini surtout, et se montre excellemment disposé. Machiavel s'efforce même de modérer son élan, car, comme il le rapporte aux Dix, « son Excellence exprime le désir que l'accord entre vous et lui se fasse rapidement », ce qui sort du cadre de la commission faite au Secrétaire florentin.

Dans les jours qui suivent, Machiavel s'entretient souvent avec le duc, qui ne cesse de répéter son souhait de s'accorder avec Florence. Il aimerait signer avec la Seigneurie une *condotta* : lui mettrait ses armes au service de Florence, contre rétribution, et en contrepartie la République pourrait être sereine. On se souvient cependant, et de l'incursion de Cesare sur le territoire florentin, et des événements d'Arezzo, et de la façon dont le duc traite amis et alliés : la proposition ne tente personne à Florence.

Pourtant, les rapports et commentaires de Machiavel sont appréciés, et les Dix, se réjouissant de disposer d'une telle source d'informations, prolongent son séjour, de jour en jour, de semaine en semaine. À Florence, son coadjuteur Biagio Buonaccorsi, fidèle admirateur et ami, donne à Machiavel des nouvelles de son foyer. Dès la mi-octobre, en effet, « Mona Marietta [lui] a fait demander par son frère quand [Machiavel] reviendrait ». La jeune épouse paraît inconsolable : elle « fait mille folies, et se lamente [qu'il] lui ait promis de rester huit jours et pas un de plus ». Et Buonaccorsi d'ajouter : « Alors revenez, au nom du diable, que sa matrice ne s'excite pas, ce dont nous serions embarrassés. » La matrice, c'est l'utérus. Dans un langage dix-neuvième, Buonaccorsi aurait dit de Marietta qu'elle était au bord de l'hystérie – le sexisme ordinaire florentin, au XVIe siècle, n'ayant rien à envier aux pires exemples contemporains, comme on le verra encore. Marietta doit pourtant patienter, quitte à s'installer, le temps de cette absence, chez sa mère et son beau-père

Piero Del Nero, ainsi le rapporte une nouvelle fois Buonaccorsi.

Maintenir…

On ne sait, de son séjour à Urbino, que ce que raconte la correspondance de Machiavel avec les Dix et avec ses proches. On ne sait donc pas tout de ses occupations, de ses fréquentations, de son quotidien. On ne sait pas non plus s'il rencontre Léonard de Vinci, bien qu'il soit tentant de l'imaginer (ainsi que l'a fait Patrick Boucheron). Ce que l'on sait, en revanche, c'est que ce séjour est l'occasion pour Machiavel de mieux observer la personnalité de Cesare Borgia, et de constater l'énergie constamment déployée par le duc à la fois pour sonder ses lieutenants et ses alliés, et pour entretenir les négociations avec ses ennemis. Il envoie courriers et mandataires à grands frais, avec une conscience aiguë de l'importance de s'assurer de ses forces.

Le 8 novembre 1502, Machiavel rapporte dans une lettre séparée une conversation tenue avec un proche du duc dont il tait l'identité. D'après celui-ci, Cesare, sachant parfaitement « que le pape peut mourir d'un jour à l'autre », est conscient qu'il lui faut trouver « quelque autre fondement » à sa puissance. Il espère en fait s'en assurer trois : le premier, c'est le roi de France ; le deuxième, ce que la lettre nomme « les armes propres ». Sont-ce là les mots du duc ? De Machiavel ? De l'ami anonyme dont il transcrit les propos ? Cette formule, cette préoccupation des « armes propres », nous la retrouverons de nombreuses fois chez le Secrétaire, comme une obsession. Enfin, le troisième fondement qu'envisage le duc, « parce qu'il juge qu'avec le temps, les deux premiers pourraient ne pas lui suffire », c'est de « faire de ses voisins ses amis », en particulier « ceux qui doivent par nécessité le défendre lui, pour se défendre eux-mêmes, ceux-ci étant les Florentins, les Bolonais [Machiavel citant ici des peuples réputés se gouverner selon les formes républicaines], Mantoue [dirigée par la dynastie des Gonzague] et Ferrare [et son duché, gouverné par la maison d'Este] ».

Les intentions de Cesare Borgia en direction de Bologne pourraient suffire à relativiser cette défense d'un sage équilibre des puissances dans l'Italie médiane. Mais Machiavel, de son côté, croit au contraire la situation opportune pour passer cette alliance dans les conditions les plus favorables pour Florence, puisque le duc la veut, et plus encore, puisque sa situation est telle qu'il en a besoin : le 17 octobre, une partie de ses troupes sont mises en déroute à Fossombrone.

Il faut dire aussi que la logique de Cesare Borgia, que Machiavel expose d'une façon de plus en plus cohérente au fil de son séjour, semble le rassurer. Le duc lui paraît avoir tiré les leçons de la conjuration des *condottieri* hier à son service, comme Machiavel l'exprime dans une correspondance du 8 novembre : « Ils lui ont montré qu'il avait besoin de penser à maintenir ce qu'il a acquis, plus que d'en acquérir plus encore. Et la manière de maintenir est de s'armer d'armes propres, de choyer ses sujets et de faire des amis de ses voisins. » Maintenir ce qu'il a acquis, *mantenere lo acquistato*. Dans *Le Prince*, la problématique deviendra *mantenere lo stato*, maintenir l'état. Mais Machiavel se souviendra des solutions formulées par Borgia à cet effet, notamment (encore une fois) l'enjeu des « armes propres », mais aussi l'idée de « choyer les sujets » à laquelle il prendra encore le temps de réfléchir.

Tensions conjugales

À Florence, on n'accorde guère de crédit à Cesare Borgia et à ses promesses, malgré les arguments de

Machiavel. Et à Imola, l'apparente logique des intérêts à laquelle veut croire le Secrétaire finit par se fissurer. Une hypothèse renaît, d'ailleurs tôt formulée par Machiavel (qui n'y croyait pas) : Cesare Borgia serait-il sur le point de se réconcilier avec les conjurés, pour que tous, ensemble, se retournent contre Florence ? Les allées et venues de courriers, venant notamment du camp des conjurés, et parmi lesquels tout Imola a pu reconnaître Paolo Orsini en personne, auraient-elles fini par porter quelques fruits ? Plus avancent les semaines et plus la situation semble impénétrable.

Machiavel, de son côté, aimerait rentrer. Tout au long du mois de décembre, il se dit malade, il se plaint de manquer d'argent (le gonfalonier Soderini en personne lui envoie 25 ducats le 21 décembre). Sa famille, son épouse doivent donc encore attendre, et Buonaccorsi l'informe (le 26 novembre) : « Mona Marietta est en colère, et ne veut pas vous écrire. Je ne peux rien y faire. » Quelques semaines passent encore et, à la date du 21 décembre, le drame s'accentue encore : « Marietta renie Dieu », dit Buonaccorsi, « et elle dit qu'elle a gâché sa chair et ses biens. Pour votre bonheur, ordonnez qu'elle dispose de sa dot comme les autres, ou bien elle va perdre patience ». N'extrapolons donc pas trop les états d'âme de Marietta. Ce dont elle souffre, ce n'est peut-être pas *en soi* ou pas *seulement* de l'absence : Marietta peut avoir de l'affection, mais elle n'est pas Pénélope. On se laisse facilement bercer par le discours qui associe la femme à l'absence vécue – ainsi, selon le mot de Roland Barthes, la littérature donne-t-elle à la femme le rôle de celle « qui donne forme à l'absence [...] en élabore la fiction, car elle en a le temps ». Non, ce dont souffre Marietta, c'est d'abord de la fragilité de la position économique et sociale dans laquelle Machiavel la laisse. Comme rien ne peut être fait dans ce domaine sans l'autorisation préalable de son mari, elle se voit démunie et sans ressources suffisantes pour gérer ses affaires et faire face aux dépenses de la vie courante. Certes, lui-même est souvent décrit comme dépensier, mais on se rappellera qu'enfant, chez les Machiavelli, il a appris à vivre d'expédients, de ressources glanées alentour, ou qu'on se faisait envoyer des terres de Sant'Andrea in Percussina, près de San Casciano. Dans un sonnet envoyé à son père à une date inconnue, depuis la modeste ferme, Niccolò paraît chanter ce refuge salvateur. Il se souvient ainsi avoir vécu, avec son frère, tous deux se trouvant seuls en ville, pendant un mois et plus, « de noix, de figues, de fèves et de viande séchée », regardant avec l'eau à la bouche les œufs et les viandes sur les étals, avant de recevoir un jour de Bernardo une oie envoyée de la campagne, à laquelle ils firent triomphe.

Voilà sans doute des habitudes qui ne pouvaient convenir à une Corsini ; du moins Machiavel ne l'a-t-il pas pleinement compris pendant ses premiers mois de mariage. Malgré toute son amitié, Biagio Buonaccorsi finit lui-même par perdre patience : « *Cazovi 'n culo* », soit « Va te faire foutre, parce que nous t'envoyons de l'argent, du tissu et tout ce que tu demandes, et Mona Marietta est désespérée ». Voilà le problème : Machiavel laisse son épouse avec moins que ce qu'il lui faut pour vivre, alors qu'il fait lui-même engager des dépenses. En *post-scriptum*, Biagio ajoute : « Tu te feras aussi un pourpoint de ce tissu, triste homme que tu es. » Machiavel finit sans doute par en tirer les leçons, car les plaintes de Marietta disparaissent de sa correspondance au cours de ses missions suivantes.

On l'attendra aussi à la chancellerie où son activité manque, aussi bien aux dires du premier chancelier, Marcello Virgilio, qui se dit débordé, que selon Buonaccorsi, qui gère en son absence les affaires pour lesquelles il est habituellement le subordonné de Machiavel.

LE DÉNOUEMENT

Le 23 décembre 1502, Machiavel rapporte que la majorité des troupes françaises a été rappelée à Milan, laissant apparemment le duc privé de la moitié de ses forces. Les inquiétudes de Machiavel redoublent. Cesare Borgia s'apprête-t-il vraiment à renouer l'alliance avec ceux qui l'ont trahi la veille ? Le 26 décembre, le duc quitte Imola. Le même jour, Machiavel rapporte que l'un des plus proches fidèles du Valentinois, Remirro de Orco, a été sommairement exécuté, et son cadavre exposé publiquement, tranché en deux. Le Secrétaire n'y comprend plus rien, et prie les Dix de l'en excuser : c'est que le duc, après tout, est *secretissimo*, très secret, impénétrable en vérité.

La tuerie de Senigallia

Ce n'est qu'à la fin que tout paraîtra clair à Machiavel, qui, comme satisfait d'avoir percé le secret d'une intrigue, en fera l'exposé complet dans une brève note de 1503, intitulée *Description de la manière employée par le duc de Valentinois pour tuer Vitellozzo*

Vitelli, Oliverotto da Fermo, le seigneur Pagolo et le duc de Gravina Orsini. Un texte qu'il semble avoir composé pour son propre usage, comme pour bien se souvenir des événements, et de l'enchaînement des stratagèmes du duc. En laissant partir les Français, Cesare Borgia entendait seulement faire croire à ses adversaires à son affaiblissement, afin qu'ils soient plus enclins à se rapprocher de lui. En revanche, plutôt que d'attaquer Florence, le duc accepte la proposition de Vitelli et des Orsini de prendre la forteresse de Senigallia. Leur tâche accomplie le 31 décembre, Cesare les y rejoint, mais pour les y prendre comme dans une souricière : de banquet victorieux, Senigallia devient le théâtre d'un massacre. Tous les ennemis du duc sont arrêtés et tués sur-le-champ ou dans les jours qui suivent.

Dans les premiers jours de janvier 1503, le duc de Valentinois retrouve ses habitudes, on le voit à chaque instant dans un lieu différent, et pour reprendre les possessions des *condottieri* vaincus. Machiavel suit les mouvements du Borgia et se déplace : après Imola, Cesena, puis Corinaldo, Sassoferrato, Gualdo, Assise... Les hommes des capitaines défaits, aussi, se joignent à Cesare : il élargit donc ses terres et ses forces. Il parvient même à chasser de Sienne Pandolfo Petrucci, qui se réfugie à Florence. Ce que craignait Machiavel se produit : l'équilibre des forces, un temps favorable à Florence, penche à nouveau en faveur du duc. Passer un accord avec ce dernier devient impératif, et qui plus est, cette fois, à ses conditions. Finalement, la Seigneurie envoie un ambassadeur, Iacopo Salviati, chargé de négocier avec le duc. La bonne nouvelle, pour Machiavel, c'est que l'arrivée de celui-ci le relève de ses fonctions : le 23 janvier le voit passer les portes de Florence, près de trois mois après son départ.

Force et prudence

Le rapport des forces se montrant de nouveau favorable au Borgia, la possibilité d'un accord traîne en longueur. Pour sceller l'alliance, Machiavel est envoyé à Sienne en avril 1503, mais sans résultat.

Les questions relatives à la défense de Florence occupent cependant aussi les débats à la Seigneurie, en ce début 1503. Les observations de Machiavel le poussent d'ailleurs à développer sa pensée dans un bref texte, *Sur la provision des deniers*, sans doute rédigé pour être prononcé par le gonfalonier Soderini dans le cadre du vote d'une nouvelle loi de finances en mars 1503. Les premiers mots de ce texte, à eux seuls, sonnent comme un programme: « Toutes les villes qui, en tout temps, ont été gouvernées soit par un prince absolu, soit par des *optimates* [une aristocratie], soit par le peuple, comme se gouverne celle-ci, ont eu pour leur défense les forces jointes à la prudence. » Force et prudence: on a déjà vu Machiavel attribuer ces qualités à Cesare Borgia.

S'il a effectivement été prononcé devant le Grand Conseil et les citoyens qui le composent, le discours n'a pu que faire forte impression: « Sortez maintenant de chez vous, et considérez qui vous avez autour de vous ». La suite énumère les ennemis: deux ou trois villes proches d'abord (Pise, Sienne...) « qui désirent votre mort plus que votre vie », puis, par-delà la Toscane, le reste de l'Italie, soumis à l'influence d'un nombre réduit d'acteurs: le roi de France, Venise, le pape, et le duc de Valentinois. Une nécessité est donc clairement énoncée: il faut dégager des ressources pour financer une armée. Force et prudence, ensemble, sont ainsi « le nerf de toutes les seigneuries qui ont été ou seront jamais au monde, et qui a observé les mutations des royaumes, les ruines des provinces et des villes, n'en a vu d'autre cause que le manque d'armes, ou de raison ». Compter sur la raison seule, sans doter la cité des forces nécessaires pour la protéger et la garantir contre les désordres italiens, serait voué à l'échec: « sans forces, les villes ne se maintiennent pas, mais vont à leur fin ». Le printemps 1503 voit donc la Seigneurie débattre ces questions de défense. La correspondance officielle de Machiavel le voit déjà esquisser des solutions pour recruter des paysans dans les possessions florentines, pour la constitution d'armes propres, selon la notion déjà évoquée à propos de Cesare Borgia.

Mort d'Alexandre VI

Les leçons que Machiavel retiendra de Cesare Borgia découlent autant de ses succès, et des entretiens menés à Urbino et à Imola, que de la chute du duc. La situation paraît figée quand, le 18 août 1503, Alexandre VI, le pape Borgia, meurt sous les yeux de son fils, après un dîner qui laisse Cesare malade pendant plusieurs jours, ce qui ouvre la porte à toutes sortes d'interprétations – du paludisme ou *mal'aria* (littéralement, en italien, la « maladie du mauvais air ») jusqu'à la possibilité d'un empoisonnement.

Francesco Piccolomini, cardinal de Sienne, élu sous le nom de Pie III le 22 septembre, ne survit qu'un petit mois à sa désignation. Dès que la nouvelle parvient à Florence, Machiavel est envoyé le 23 octobre par la Seigneurie pour sa première légation à Rome, afin de faire connaître les positions florentines pour l'élection à venir, et aussi de ratifier une *condotta* avec le condottiere Giampaolo Baglioni, seigneur de Pérouse, un accord déjà négocié avec Alexandre et la France, et que Florence ne veut désormais pas voir tomber à l'eau.

La mission de Machiavel se prolonge cette fois jusqu'au 16 décembre 1503. Or, sur le plan personnel, il est envoyé alors que son épouse est sur le point d'accoucher. Son cher Biagio Buonaccorsi le maintient informé : « La Marietta n'a pas encore accouché », lui notifie-t-il le 2 novembre. Le 9 novembre, Battista di Buoninsegna Machiavelli, un cousin distant, est le premier à lui annoncer la nouvelle : « Vous avez eu un garçon beau et robuste, qui a été baptisé honorablement ce jour, comme l'exigent vos qualités. » Il s'appelle Bernardo, comme son grand-père, et il lui ressemble tant, paraît-il, qu'un ami, Luca Ugolini, lui écrit le 11 novembre, avec une franchise toute masculine : « Vraiment, ta mona Marietta ne t'a pas trompé, car il te ressemble tout craché : Leonardo da Vinci n'aurait pas fait meilleur portrait. » Le 15 novembre, puis le 17, Biagio Buonaccorsi lui transmet quelques informations complémentaires : « Votre garçon et la Marietta vont bien, ainsi que tous les vôtres, et ils vous aimeraient ici. »

Son fils a été confié à une nourrice, selon son rang, et Marietta « vit avec grande douleur votre absence, mais il n'y a pas de remède ». Dans le même temps, autour de la mi-novembre, on souhaite à Machiavel de se remettre : malade, il craint un moment d'avoir attrapé la peste qui sévit à Rome, mais il est bientôt remis. Marietta elle-même écrit à son époux, en même temps qu'elle lui envoie du linge, le 24 novembre : « Mon très cher Niccolò [...] L'enfant va bien, il te ressemble : il est blanc comme la neige, mais sa tête ressemble à du velours noir, et il est poilu comme toi » (Biagio l'a déjà prévenu : « il a l'air d'un petit corbeau, tant il est noir »). « À voir comme il te ressemble », ajoute Marietta, « il me paraît beau ; et il est si costaud qu'il paraît avoir un an ; et il a ouvert les yeux à peine né ; et a fait du bruit dans toute la maison. Mais notre petite fille se sent malade. N'oubliez pas de revenir. C'est tout. Dieu soit avec toi, et te protège ». Signé « Ta Marietta, à Florence ».

À Rome : la chute de Cesare Borgia

La mission est plus importante, et beaucoup de choses changent à Rome. D'abord, quand Machiavel rentre à Florence fin décembre, Rome a un nouveau pape, Giuliano Della Rovere, devenu Jules II le 31 octobre. Certes, celui-ci, avant d'être élu, a fait à Cesare Borgia maintes promesses, rapportées par Machiavel le 4 novembre : lui restituer la Romagne, mais aussi lui offrir la forteresse d'Ostie, à l'embouchure du Tibre, dont Della Rovere a supervisé lui-même la construction. À Rome, on émet toutes sortes d'hypothèses quant à ce que prépare le duc, mais pour la première fois Machiavel trouve à Cesare quelques défauts. Pris au milieu de tractations qui le dépassent, et maintenant que son père n'est plus là pour l'appuyer, le Valentinois lui paraît un peu désemparé. Selon l'émissaire de Florence, que le duc invite et reçoit d'ailleurs, prenant plaisir à ébaucher de nouvelles promesses, il « se laisse entraîner par sa vaillante confiance et croit que les paroles d'autrui pourraient s'avérer plus fermes que ne l'ont été les siennes ».

Favorisé par la Fortune, Cesare en ignorait-il la nature capricieuse ? « Quand tu es tourné du côté de la roue qui te fait être heureux et bien, elle change les choses au milieu de sa course. » Cesare est arrêté peu après l'élection par le nouveau pape et enfermé au Castel Sant'Angelo. Pour recouvrer sa liberté, il doit renoncer à toutes ses conquêtes. Peut-être le duc déchu ne peut-il se convaincre de sa propre défaite, ainsi subie sans combattre, sans mort ni blessure… Il refuse en tout cas de signer. Mais le monde ne l'attend pas : à Rome, le pape, les cités italiennes, et les Français, et les Espagnols, tous négocient sans lui et dessinent un avenir dont il ne fait plus partie. Et ainsi, comme l'écrit Machiavel le 3 décembre, « il semble donc que ce duc glisse peu à peu dans le tombeau ».

La suite n'intéresse pas Machiavel, pour qui le parcours de Cesare Borgia s'arrête à la perte de ses possessions, échec dont il tirera dans *Le Prince* autant d'enseignements que de ses succès. Il ne relatera que brièvement, dans le poème de sa première *Décennale*, l'imprudente fuite de Cesare à Naples où les Espagnols ne pouvaient voir d'un bon œil le séjour d'un tel allié de la France, et sa capture par les hommes de Ferdinand II, et la réclusion en Espagne, « enchaîné et vaincu », de « celui qui avait fait trembler et pleurer Rome ». Il ne chantera pas, en revanche, sa fuite à Pampelune, où son beau-frère Jean III de Navarre l'engage. Ni sa mort dans une embuscade pour le compte de la Castille. Peut-être est-ce la fin dont rêvait celui qui avait fait trembler Florence, et toute l'Italie. *Aut Caesar, aut nihil* : *Soit César, soit rien*, disait la devise de Cesare Borgia, qui fut finalement presque César, puis presque rien, avant le néant.

Déplacements officiels de Machiavel

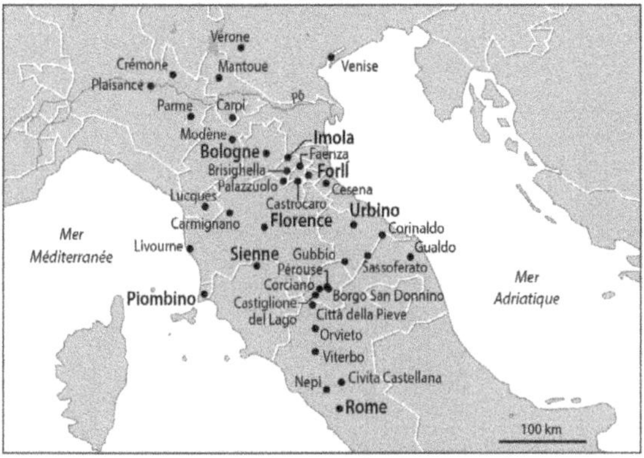

En gras, villes dans lesquelles Machiavel a fait au moins deux déplacements officiels

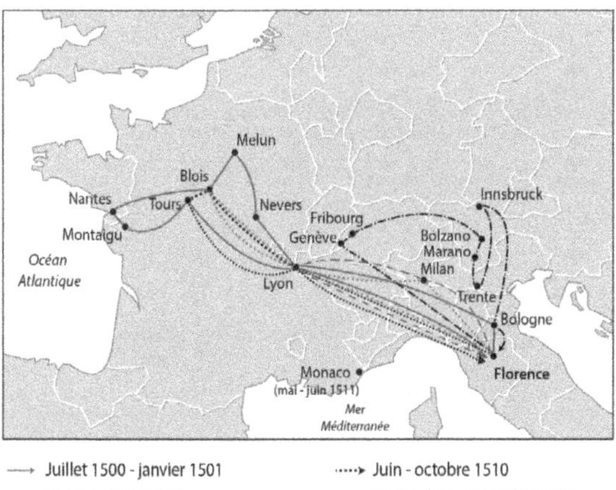

Chapitre 3

AU MILIEU DES EMPIRES (1503-1512)

Machiavel rentre donc de Rome dans les derniers jours de 1503 pour retrouver son foyer, sa femme, sa fille, son fils de quelques semaines. Ses fonctions, et les événements, ne lui laissent toutefois que peu de répit. Le 29 décembre, les troupes espagnoles, conduites par leur *gran capitán* Gonzalve de Cordoue, mettent l'allié français en déroute, au nord de Naples, sur les bords du fleuve Garigliano, qu'elles ont traversé de nuit pour prendre l'ennemi par surprise. Seuls les exploits de Pierre Terrail, le bon chevalier Bayard, dont la légende dit qu'il tient seul l'étroit pont de fortune flottant sur des barques, sans casque ni cuirasse, face à 200 Espagnols, embellissent un peu la retraite française. Voilà d'ailleurs bien une figure chevaleresque qui, lorsqu'on la rapproche des plans d'un Cesare Borgia ou des réflexions de Machiavel, apparaît quelque peu hors du temps, un de ces personnages d'épopée que l'on ne penserait plus croiser, au XVIe siècle, ailleurs que dans les pages du *Roland furieux* de l'Arioste. Or, les questions militaires qui intéressent justement Machiavel n'ont rien à voir avec la chevalerie. Elles sont d'abord affaire de diplomatie, de négociation, de renseignement, de rapports de force, et évidemment de préparation.

DÉFENDRE FLORENCE

Les Espagnols devenus maîtres de Naples, on craint à Florence de les voir progresser au nord. Il faut donc s'entretenir avec les Français, et Machiavel est envoyé pour une nouvelle mission.

Deuxième légation en France

Il part le 20 janvier 1504 et, deux jours plus tard, il s'arrête d'abord à Milan, suivant ses instructions. Il y rencontre « monseigneur de Chaumont », c'est-à-dire Charles d'Amboise, lieutenant général en Lombardie. Celui-ci se montre confiant, ne croit pas que Gonzalve puisse s'aventurer très au nord, et rassure Machiavel pour finir par ces mots que le Secrétaire florentin transcrit à sa manière dans sa lettre du 22 janvier : « *Non dotté di rien.* »

Le lendemain, Machiavel part pour Lyon. Il y arrive le 27 janvier 1504, pour obtenir l'assurance que la France, alliée de Florence, contribuera à la défense de la cité florentine en cas d'offensive espagnole. Il présente cette requête à Georges d'Amboise, puis le 30 au roi, et tous deux l'encouragent à la patience, une trêve étant en discussion. Machiavel s'entretient aussi avec différents conseillers de la cour, dont Claude de Seyssel, le Savoyard formé au droit à Pavie et Turin, et qui lui aussi écrira quelques traités fondateurs de la littérature politique moderne. Finalement, le 11 février, est annoncée une trêve de trois ans avec l'Espagne. La France y garantit la liberté de Florence, mais l'Espagne y inscrit son alliance avec Sienne et Venise. Quoique les rapports avec Louis XII apparaissent confortés, la Seigneurie est donc plus isolée que jamais à ses frontières. Machiavel reste encore quelques semaines, sans qu'on sache exactement ce qui le retient, si ce n'est pour s'informer des négociations qui se poursuivent, cette fois, entre la France et l'empereur Maximilien. Peut-être encore plaide-t-il la cause de Florence au sujet de Pise, la question demeurant en suspens. Il annonce finalement le 25 février dans une lettre aux Dix son prochain départ de Lyon, et est de retour à Florence en mars.

Fonder la République sur les armes…

Peu après son retour, on envoie Machiavel à Piombino, le 2 avril 1504. Sur le petit fort côtier règne un seigneur, Iacopo d'Appiano, avec lequel Florence avait une *condotta*, avant que Cesare Borgia ne s'en saisisse au profit de son père. Iacopo d'Appiano ayant retrouvé sa position, il est donc question d'en faire un allié. Machiavel ne reste pas plus de quelques jours à Piombino.

Dans les mois qui suivent, le Secrétaire peut se concentrer sur ses activités à la chancellerie. Surtout, à partir de ses expériences, et de la confiance qu'il a acquise depuis maintenant près de six années qu'il est à son poste, Machiavel va tout faire pour que soit considérée la cause dont il se saisit, ce qui doit pour lui être la priorité du régime florentin : se constituer une armée, ce qu'il va appeler une *ordinanza*, pour disposer des « armes propres » nécessaires à sa défense.

Ce projet d'*ordinanza* – en français le mot « ordonnance » est employé dans un sens proche à la même époque, mais on ne le comprend plus ainsi aujourd'hui –, vise à constituer une armée de citoyens de Florence, par opposition aux troupes des *condottieri* et autres mercenaires étrangers. Francesco Guicciardini, dans les *Histoires florentines* qu'il rédige quelques années plus tard, évoque la façon dont l'idée revient périodiquement dans les discussions à la Seigneurie, notamment après la chute des Médicis en 1494. Guicciardini affirme d'ailleurs que c'est bien Machiavel qui donne forme à ce projet : « Le Machiavello se pencha sur la question et, après avoir persuadé le gonfalonier, voyant qu'il y était disposé, commença à lui exposer de façon détaillée les façons [de le réaliser]. » On trouve le projet d'*ordinanza* évoqué par Machiavel dans sa correspondance, notamment avec Francesco Soderini, devenu cardinal, le 26 octobre 1504 – on apprend incidemment, dans le même courrier, qu'il vient de naître à Machiavel et Marietta un troisième enfant, un fils, Lodovico.

Utopies…

Ces échanges laissent cependant entrevoir des difficultés, des oppositions. Le projet suscite deux critiques principales. La première, c'est celle de son coût. Il faut dire que les entreprises militaires auxquelles Machiavel prend part, et dont il apparaît si convaincu, subissent un échec retentissant.

Un autre projet remonte en effet à plusieurs mois, titanesque : il s'agit, pour venir à bout de Pise, de détourner le cours de l'Arno, pour en priver la ville et en assécher du même coup l'accès maritime. Machiavel ne peut l'ignorer tant l'entreprise est grandiose, d'autant que Biagio Buonaccorsi, son adjoint et ami, se voit confier le contrôle des opérations. On consulte même Léonard de Vinci, qui est revenu à ce moment au service de la Seigneurie : il se déplace à Pise en juillet 1503, comme le signalent les comptes de Florence, « pour niveler l'Arno à Pise et le faire sortir de son lit ». Léonard dessine le site et juge l'opération possible. Pour la réalisation concrète, on recrute ensuite un architecte, Colombino, et on envoie l'un des Dix, Giovanni Berardi, avec une équipe d'ingénieurs. Sans doute conseillé par Machiavel, le gonfalonier Soderini parvient à faire financer le projet. Tout au long de l'année 1504, le Secrétaire s'implique dans ces travaux, en défend l'accomplissement, malgré des retards et des doutes émis par ses détracteurs. En septembre, l'entrée en service du canal creusé s'avère un échec ; l'opération inonde la plaine avoisinante, détruisant des cultures, sans pour autant que le niveau de l'Arno paraisse diminuer. Soderini ne parvient pas à convaincre les institutions florentines de financer de nouveaux travaux, et est tenu responsable de ce coûteux échec, qui engloutit 7 000 florins.

La deuxième critique émise par les opposants à l'*ordinanza* découle des doutes de certains qui considèrent que, si on l'instituait, « le bien public serait en fait privé », c'est-à-dire que la milice civique ainsi créée servirait surtout au gonfalonier pour maintenir l'ordre à son bénéfice. Il faut dire à ce propos que la République, et ce en partie au moins sous l'influence de Machiavel, consacre des moyens importants pour renforcer, non seulement sa défense, mais aussi son image, et pour donner aux institutions rénovées tout l'apparat nécessaire. Les inquiétudes portent donc sur une forme de dérive vers un régime personnel de Piero Soderini, ou en tout cas vers un régime où le Grand Conseil et le gonfalonier à vie gouverneraient au détriment des *optimates*, les élites traditionnellement centrales pour le régime, désormais prises en tenaille entre ces deux institutions nouvelles. L'installation en mai 1504 du monumental *David* de Michel-Ange, récemment dévoilé, sur la place de la Seigneurie, devant le palais, nourrit peut-être ces inquiétudes – et plus encore sans doute, le fait que l'emblématique *Judith* de Donatello, la veuve biblique terrassant Holopherne, symbole médicéen, mais aussi symbole de résistance à la tyrannie, ait été déplacée pour céder la place au berger, héros d'Israël devenu roi.

Enfin, un dernier projet attise sans doute les inquiétudes, à la fois sur les compétences et l'imprudence de Soderini, et sur les finances de son gouvernement. Il s'agit de la commande à Léonard de Vinci d'une fresque gigantesque pour la salle du Grand Conseil. La main et le nom de Machiavel apparaissent d'ailleurs encore une fois, au bas du contrat accordé à Léonard, le 4 mai 1504. La commande remonte probablement à octobre 1503, quand les clés de Santa Maria Novella sont confiées à l'artiste pour qu'il y installe son atelier. Le second chancelier aurait-il également influé sur le choix du sujet ? On ne peut qu'en faire l'hypothèse, et du moins le choix de faire reposer sur un sujet guerrier le faste de la nouvelle république semble-t-il faire écho aux positions qu'il défend avec constance. C'est donc la bataille d'Anghiari, victoire remportée contre Milan en 1440, qui doit être représentée par Léonard. Plus encore, à l'automne 1504, on commande à Michel-Ange une autre fresque, aussi vaste et censée faire face à celle de Léonard : la bataille de Cascina, victoire florentine sur Pise en 1364. Le face-à-face n'aura finalement pas lieu, les deux projets étant bientôt abandonnés par les deux rivaux…

Fonder la République sur la force des armes : le message doit passer, coûte que coûte, et s'imposer au regard des citoyens jusqu'à travers le décor de la salle où se déroulent leurs débats. Cette ambition peut-elle cependant résister au caractère hasardeux des décisions prises par Soderini et derrière lesquelles la présence de Machiavel se devine presque systématiquement ?

L'ABOUTISSEMENT DU PROJET D'*ORDINANZA*

Pour adoucir les résistances à l'*ordinanza*, Machiavel, qui décidément ne fait rien comme les autres, compose un poème : la *Décennale* – que l'on appelle généralement première *Décennale*, puisqu'il en écrira une seconde. La dédicace, qui porte la date du 9 novembre 1504, est adressée à Alamanno Salviati, éminent membre de la Seigneurie, d'abord partisan de Piero Soderini ayant participé à la reconquête d'Arezzo, avant de rentrer dans l'opposition au gonfalonier en raison de sa politique jugée trop populaire.

Première *Décennale*

« Je chanterai les italiques misères,/Produites au cours des deux lustres passés,/Sous les étoiles à son bien contraires. » S'astreignant à la forme de la *terza rima*, inspirée de Dante – des tercets, strophes de trois vers dont les rimes se croisent selon un schéma particulier (ABA, BCB, CDC, etc.) –, c'est avec une grandiloquence certaine (« Ô Muse, soutiens ma lyre ») que Machiavel entame le récit des malheurs qu'ont subis les terres italiennes, et tout particulièrement la Toscane, depuis dix ans, c'est-à-dire depuis 1494 et le début de la campagne de Charles VIII. Il raconte la perte de Pise, les jeux d'alliance, la folle course de Cesare Borgia, le soulèvement et la pacification du Val di Chiana, les ambitions contraires des empires qui ne pensent qu'à mettre en pièces la péninsule. Avant de conclure, il parle de « [Son] âme tour à tour enflammée/D'espoir et emplie de crainte,/Au point qu'elle est peu à peu consumée », et aussi de sa confiance dans le « timonier avisé » au gouvernail de Florence (c'est-à-dire Soderini). Et le poème de se refermer sur une exhortation : « Mais le chemin serait facile et court/Si vous rouvriez le temple de Mars. »

Rouvrir le temple de Mars, c'est-à-dire, on le comprend, accepter de renforcer les armes propres et d'instituer l'*ordinanza*.

Victoire contre d'Alviano et nouvel échec à Pise

Ces enjeux militaires ne faiblissent pas. Les mois passent et on acquiert la certitude, vers le début de 1505, que quelque chose se trame du côté de l'Espagne et de Venise, qu'on y prépare une offensive contre Florence. On apprend même que le condottiere Bartolomeo d'Alviano est à la tête de ce projet, et qu'il tente de liguer quelques-uns des seigneurs voisins. Déjà certains pactisent avec l'ennemi. Iacopo d'Appiano, à Piombino, avec lequel Florence négociait une *condotta*, l'a rejoint, et les troupes de d'Alviano se prépareraient à partir du fort côtier pour gagner du terrain au nord.

Florence prend les devants et négocie. Machiavel est, une nouvelle fois, envoyé à la tâche, auprès de Giampaolo Baglioni, seigneur de Pérouse, pour tenter de négocier une *condotta*, un contrat ayant déjà été conclu avec lui avant la mort d'Alexandre VI, avant d'être finalement résilié. Il le rencontre le 11 avril 1505 à Castiglione del Lago. Machiavel rapporte comment il a tenu tête à Baglioni, en le rappelant à sa parole donnée, mais l'entrevue ne donne rien : « Je l'ai piqué de part et d'autre, lui parlant comme à un ami, et bien que je l'aie vu plusieurs fois changer de visage, il n'a donné en parlant aucun signe qui permettrait d'espérer qu'il change d'opinion. » Alors, le 4 mai, on décide d'envoyer Machiavel à Mantoue, pour proposer au marquis une *condotta* de deux ans. En vain également. Puis en juillet, c'est à Sienne qu'il se rend, y parvenant le 17 pour parler à Pandolfo Petrucci. Ce dernier tente de négocier son assistance, tout en exigeant que Florence lui cède Montepulciano. C'est un troisième échec.

Au moins ces tractations permettent-elles à la Seigneurie, d'une part, de s'organiser, nommant un nouveau commissaire aux armées, Antonio Giacomini, pour mener les opérations avec le gouverneur militaire Ercole Bentivoglio. Elles sont, en deuxième lieu, l'occasion d'évaluer plus précisément les forces à la disposition de d'Alviano. On conclut qu'il faut les affronter au plus vite, avant qu'elles reçoivent des renforts. Le 17 août 1505, le condottiere est intercepté à Torre di San Vincenzo, au nord de Piombino. Il est mis en déroute par les Florentins, lui-même s'enfuit, ses troupes sont capturées.

Les commandants florentins sont persuadés au lendemain de cette victoire qu'il ne faut pas s'arrêter là, et qu'il est temps de lancer l'assaut sur Pise. La décision est rapidement prise : le 19 août 1505, Machiavel écrit au nom des Dix à Giacomini pour lui indiquer de se présenter avec l'armée devant les murs de Pise. Le Secrétaire y rejoint les troupes le 21 août pour en observer l'organisation, et s'efforce de faire expédier de Florence tous les équipements et financements nécessaires pour finir de mettre au point l'offensive, qui débute le 7 septembre. Une nouvelle fois cependant, c'est un échec, dont les Dix prennent acte le 13.

Institution de l'*ordinanza*

Une explication est avancée à l'échec de cette dernière offensive à Pise. Alors que l'artillerie avait ouvert deux brèches, l'infanterie, composée de mercenaires, n'aurait pas voulu monter à l'assaut. Paradoxalement, à Florence, ce nouvel échec achève donc de faire prendre conscience qu'il faut instituer l'*ordinanza*, et Machiavel, en homme de l'occasion, déborde d'activité pour qu'aboutisse ce projet. Avec succès cette fois : le 30 décembre 1505, il est envoyé dans le Mugello, vallée des Apennins à proximité de Florence, pour y enrôler des hommes dans différents villages. C'est donc Machiavel lui-même qui suit les premiers recrutements, supervise la constitution des compagnies, dans ces régions rudes, isolées et enneigées, en plein hiver… « Ces jeunes gens viennent s'inscrire bien volontiers », dit-il aux Dix le 2 janvier 1506, dans une lettre qui déborde d'optimisme. Il se déplace ainsi plusieurs fois, dans le Mugello et dans le Casentino, à l'est de Florence, où il part fin février ou dans les premiers jours de mars.

Bientôt, Florence dispose donc de son armée, ses hommes, ses troupes de citoyens du *contado*, plutôt que de mercenaires détalant au premier fracas. Ces soldats, on les entraîne, on les discipline, on les habille (pourpoint blanc, chausses rayées de blanc et de rouge, bonnet blanc, cuirasse de fer) et on les équipe de lances, et pour partie, d'arquebuses. Machiavel, là encore, s'implique, comme le laisse voir sa correspondance où il discute discipline, fixe les punitions, et choisit la formation des bataillons. Ceux-ci défilent, enfin : le 15 février 1506, c'est carnaval, et le peuple de Florence rencontre sa milice, l'admire ; ce sont 400 hommes qui foulent la place de la Seigneurie. Dans les mois qui suivent, d'autres recrues les rejoignent, que l'on inscrit et équipe selon les instructions de

Machiavel, communiquées dans ses lettres à ceux qui sont envoyés par les terres de Florence pour lever des troupes. Machiavel est à Florence désormais considéré comme un expert incontestable des affaires militaires. La *Décennale*, composée deux ans plus tôt, est d'ailleurs son premier texte imprimé (en février 1506), à l'époque même où paradent les premières troupes, et après que l'auteur a réécrit la dédicace, désormais destinée à tous les citoyens florentins. Machiavel, avec ses vers, a convaincu les élites d'instituer l'*ordinanza*, les témoignages d'admiration affluent. Le texte de la *Décennale* rencontre apparemment un certain succès, puisque son auteur déplore qu'une édition pirate circule dès les premières semaines après sa publication.

On recrute aussi en avril un certain don Michele, Miguel de Corella, ancien lieutenant de Cesare Borgia, dont Machiavel avait fait connaissance lors de ses légations auprès du duc, et qui après la chute de celui-ci avait été momentanément emprisonné par Jules II. Malgré quelques réticences, l'idée est bien d'aller dénicher l'expérience et la compétence, pour faciliter la formation et l'organisation de cette nouvelle armée de citoyens. Fin 1506, elle compte 5 000 hommes et, dès le mois de juin 1506, ces nouveaux soldats sont envoyés participer au siège de Pise.

Auprès du pape

Ces efforts de constitution d'une armée à Florence, soutenus et suivis par Machiavel, n'interrompent évidemment pas les mouvements et tractations à l'échelle de l'Italie. À cette même période, le pape Jules II entend achever de prendre en main les possessions de l'Église, c'est-à-dire non seulement Rome, mais les territoires pontificaux qui, depuis la fin du Moyen Âge, se sont en partie désagrégés, situation que le pontificat d'Alexandre VI, seulement préoccupé d'installer son fils à la tête d'une seigneurie solide, n'avait pas arrangée. Le pape envisage de reprendre Pérouse et Bologne aux *condottieri* qui les gouvernent, et sollicite pour cela l'aide de Florence : puisque la cité toscane construit son armée, qu'elle lui envoie des hommes.

Machiavel est envoyé à Rome le 25 août 1506, avec pour mission de retarder tout envoi de troupes, puisqu'on en a besoin à Pise, et parce que de tels mouvements pourraient déranger la France, alliée de Bentivoglio à Bologne. Le Secrétaire rejoint le pape à Nepi le 27 août, et fait part des doutes florentins à ce sujet. Les événements suivants le stupéfient : le

13 septembre, le pape entre dans Pérouse où Baglioni règne. Celui-ci lui livre sa cité, sans piège ni résistance, offrant à Jules II un imprévisible et pacifique triomphe. C'est cet événement imprévu qui, dans les jours qui suivent, alors qu'il se trouve justement à Pérouse avec le pape et sa suite, incite Machiavel à écrire un court texte, le brouillon d'une lettre destinée à Giovan Battista Soderini, neveu du gonfalonier, et que l'on connaît comme les *Ghiribizzi al Soderino* (*Caprices pour Soderini*). Texte remarquable, parce que quelques-unes de ses fulgurances se retrouveront plus tard dans ses traités, à commencer par *Le Prince*. Machiavel s'y interroge sur le pape qui, souligne-t-il, « obtient au hasard et désarmé ce qui, avec de l'ordre et des armes, n'aurait dû lui réussir que difficilement ». Il y développe l'idée que le bonheur et la réussite dépendent en fait de la façon dont les actes sont rendus conformes aux occasions : « Est heureux celui qui accorde sa façon de procéder avec le temps, et, à l'opposé, est malheureux celui qui par ses actions s'écarte du temps et de l'ordre des choses. » Aussi faut-il comprendre en faveur de qui penchent les circonstances, et agir en fonction d'elles : ainsi, « celui qui serait si sage qu'il connaîtrait les temps et l'ordre des choses, et s'y adapterait, aurait toujours une bonne fortune ou se garderait toujours de

la méchante». Chose impossible, cependant, car tous les hommes sont faillibles, et parce qu'ils ont tendance à ne pas dévier de leur nature qui les fait agir d'une manière prédéterminée : il s'ensuit, pour Machiavel, « que la Fortune varie et commande aux hommes et les tient sous son joug ».

Machiavel poursuit sa légation jusqu'en octobre, alors que le pape veut marcher sur Bologne, et attend les renforts demandés à Florence ainsi qu'à la France. Or Louis XII diffère aussi son soutien, arguant du risque que l'empereur Maximilien ne se décide à attaquer au nord de Milan. Finalement, début octobre, les troupes françaises sont envoyées, et le pape progresse au nord, à Cesena, puis Forlì. Les Dix informent Machiavel qu'ils accèdent à la demande de Jules, et envoient un contingent. La nouvelle lui parvient le 17, et le pape la reçoit avec une joie débordante, demandant à Machiavel de lire et relire le message à ses hommes en jubilant : « Écoutez quels amis a messer Giovanni [Bentivoglio] et qui est le plus estimé par ses voisins, de l'Église et de lui. » Le Florentin suit le pape à Imola, et y reste jusqu'au 28 octobre, après l'arrivée d'un nouvel ambassadeur de la Seigneurie. Le dénouement de l'expédition pontificale a lieu le 11 novembre, quand Bentivoglio se retire, laissant entrer le pape à Bologne.

La cause de l'*ordinanza*

L'organisation de l'armée se poursuit, complétée par la préparation d'une loi, à laquelle Machiavel prend également part. Soderini se repose beaucoup sur lui, et le secrétaire est perçu comme son homme de confiance, y compris par les adversaires du gonfalonier, qui le surnomment le *mannerino* de Soderini, jouant sans doute d'un double sens dans la langue florentine pour le désigner comme son « homme de main » tout en le moquant comme son « mouton ». On ne devient pas un homme qui compte dans les plus hautes sphères de la Seigneurie sans s'attirer quelques inimitiés…

Dans le cadre de la préparation de la loi sur la milice, Machiavel rédige un petit texte à l'invitation des Dix, *La cagione dell'ordinanza*, « la cause de l'*ordinanza* », sous-titré : « Où elle en est, et ce qu'il faut faire ». Il y rappelle l'importance des armes en déployant son discours sans déférence : « Chacun sait que, qui dit empire, royaume, principat, république, qui dit hommes qui commandent… dit justice et armes. Vous, de la justice, vous n'en avez pas beaucoup, et des armes, pas du tout. » Machiavel ne fait pas que défendre l'*ordinanza*, il détaille aussi comment il faut la recruter (dans les campagnes, et pas dans les villes sujettes, où des soldats pourraient participer à un soulèvement), et comment il faut l'ordonner (les grades, l'administration, les règles). On retrouvera certaines des opinions exprimées dans ce texte bien plus tard, dans *Le Prince*, *L'Art de la guerre*, ou encore dans les *Discours sur la première décade de Tite-Live*, dont l'idée qu'il faut (par des cérémonies, des serments), « mêler un soupçon de religion pour rendre [les hommes] plus obéissants ».

Le texte de loi est examiné à la fin de l'année : le Grand Conseil l'adopte le 5 décembre 1506, en reprenant la majorité des principes esquissés par Machiavel. Un rappel, si besoin en était, que pour cet homme théorie et pratique politique vont de pair et s'alimentent mutuellement : Machiavel est un praticien de la politique, qui élabore sa pensée au contact du réel, qui agit sur les réalités florentines de son temps, et l'expression de ses idées se fait simultanément, avant d'être par la suite développée par écrit.

LÉGATION EN ALLEMAGNE ET RECONQUÊTE DE PISE

1507 : plus que jamais, Florence se trouve esseulée face aux puissances. L'Espagne tient le sud de l'Italie, et s'est alliée avec Venise. La France a le nord, Milan, Turin, Gênes – malgré un soulèvement génois début 1507, qui a vu Louis XII en personne reprendre la ville en avril. Et le pape a désormais rétabli l'extension presque maximale de ses possessions, faisant revenir dans son giron jusqu'à la Romagne et Bologne. Il ne manque que l'Allemagne : or l'ambition italienne de Maximilien, envisagée depuis longtemps, semble se préciser.

Préparatifs de Maximilien

L'empereur renoue en effet, à la diète de Constance, en juin, avec le rêve impérial qui verrait les troupes germaniques chasser les Français de Lombardie, et prendre le chemin de Rome pour y recevoir la couronne impériale des mains de Jules II.

Pour évaluer le niveau réel de menace, rien ne vaut l'envoi d'une légation. Machiavel est une nouvelle fois désigné, à la demande de Soderini, au mois de juin 1507, mais des voix s'élèvent contre ce choix. Les *optimates* en ont assez de voir la Seigneurie représentée par le « mouton » du gonfalonier, et d'autres secrétaires aimeraient aussi se voir confier des responsabilités. C'est finalement Francesco Vettori qui est envoyé à la cour impériale, lui qui, plus jeune de quelques années que Machiavel, a occupé plusieurs magistratures depuis 1504 – les deux hommes sont amis. Resté à Florence, Machiavel est alors envoyé à Sienne, le 9 août, pour y rencontrer le cardinal Carvajal, qui pour le compte de Jules II rejoint lui aussi la cour de Maximilien, afin de lui communiquer les sentiments plutôt réservés du pape quant à une expédition impériale.

Lorsque ses missions lui laissent un peu de répit, Machiavel retrouve le goût de l'écriture poétique. Il écrit à cette période (en tout cas entre fin 1506 et 1512) trois poèmes en *terza rima*, trois *capitoli* allégoriques consacrés à la Fortune, à l'Ingratitude et à l'Ambition. Dédiés à trois amis (respectivement Giovan Battista Soderini, Giovanni Folchi et Luigi Guicciardini) ils reprennent trois notions issues de la pensée classique, que Machiavel s'approprie et que l'on retrouvera ultérieurement dans ses œuvres. Le *capitolo* qui est consacré à la Fortune en particulier (et dont des extraits accompagnent depuis le début ce parcours biographique) rappelle sa domination, elle dont la « puissance naturelle contraint tous les hommes », et dont le « règne est toujours violent ». Elle demande « audace et jeunesse » pour être domptée, en évitant de se laisser guider par sa propre nature. L'Ingratitude et l'Ambition sont quant à elles des passions qu'il faut savoir maîtriser, loin de tout aveuglement. La poésie, pour Machiavel, est bien un moyen d'expression éminemment politique.

Légation allemande

Le séjour de Vettori à Augsbourg, à la cour impériale, s'éternise. L'empereur réclame un tribut à Florence, pour prix de sa tranquillité. Alors, Machiavel est finalement envoyé en renfort, avec pour mission de proposer 30 000 ducats sous garantie qu'on ne touchera pas aux terres de Florence. En cas de négociation, on pourrait aller jusqu'à 50 000 ducats. Il part le 17 décembre 1507 et, pour rejoindre Augsbourg en évitant le territoire vénitien, il prévoit de passer par la Lombardie et la Savoie. On peine aujourd'hui à imaginer l'inconfort et les dangers affrontés lors de tels voyages, que ce soit par les postes ou à dos de cheval, sans escorte, par bon comme par mauvais temps – comme ici, aux abords de l'hiver, et alors qu'il faut traverser les Alpes. Sur le chemin, d'ailleurs – c'est Vettori qui le rapporte aux Dix –, Machiavel est arrêté, vraisemblablement par des soldats français, et fouillé sans ménagement, à la suite de quoi, craignant que ses effets ne soient saisis, il préfère déchirer les lettres de commission de la Seigneurie. Il les transmettra oralement : Vettori lui fait confiance.

Machiavel arrive à Genève le 25 décembre, puis il passe par Fribourg. Poursuivant sa route, il apprend de la bouche de deux voyageurs génois que tout son trajet par les routes enneigées n'a servi à rien : l'empereur « est à cette heure parti d'Augsbourg vers l'Italie », et « il est possible que je ne le rejoigne pas d'ici qu'il soit à Trente », rapporte-t-il. C'est la direction qu'il prend, et après ce long détour il rejoint enfin la cour impériale, et Vettori, à Bolzano, le 11 janvier.

On l'a compris, Machiavel a pour tâche de négocier. Or ces négociations, rapportées dans la correspondance des deux conseillers aux Dix, sont ardues, et le séjour va se prolonger – Machiavel ne sera rentré à Florence que le 16 juin. S'étant vu proposer les 30 000 ducats dès le 12 janvier, puis 40 000 en plusieurs versements, l'empereur Maximilien laisse ensuite traîner sa réponse, et finit par rejeter la proposition. L'indépendance de Florence lui paraît valoir un peu plus que cela. En définitive, Maximilien demande la somme de 25 000 ducats en guise d'acompte, mais qu'il considérera comme un simple prêt, sans aucune contrepartie ou garantie pour la Seigneurie, et en attendant de négocier un tribut dont le montant lui agréera. Pour Machiavel, cette volonté impériale de disposer d'argent rapidement indique un mouvement imminent des troupes germaniques contre Venise.

Le 3 février, l'empereur prend part à une procession solennelle à Trente, et c'est finalement à la fin du mois que ses troupes pénètrent les terres vénitiennes, et prennent plusieurs positions dans le Frioul. Les lettres de la Seigneurie qui parviennent à Machiavel et Vettori dans le courant de février demandent des informations plus précises sur l'entrée en guerre, ce qu'ils n'ont pas, et leur suggèrent de continuer à négocier en augmentant les sommes, ce qu'ils préfèrent ne pas faire pour ne pas outrepasser leur commission, craignant que cela ne leur soit à leur retour reproché.

La progression de l'armée impériale est toutefois arrêtée par Venise à la bataille de Cadore, le 2 mars, et les semaines suivantes voient l'armée de Maximilien reculer, les Vénitiens prenant même Trieste, ville impériale. À cette même période, les deux émissaires florentins continuent à négocier, et courant mars on s'accorde à Bolzano pour un tribut de 60 000 ducats en échange de la protection impériale. Mais l'évolution défavorable de la situation militaire de Maximilien incite la Seigneurie à différer l'affaire, sur les conseils de Machiavel. Dans les lettres qu'il envoie en mai, Machiavel évalue les chances de victoire de Maximilien, qu'il juge faibles, et cherche des explications à ses difficultés militaires. Finalement, le 7 juin, une trêve est signée, qui entérine la victoire vénitienne. Le 8 juin, sans en avoir reçu l'instruction, Machiavel rentre en hâte pour se soigner : il est en effet malade – on soupçonne des calculs rénaux.

À peine rentré, il semble que Machiavel aille mieux. Il se remet en tout cas au travail et rédige un *Rapport sur les choses d'Allemagne*, où il reprend l'essentiel des observations faites pendant son séjour à la cour impériale, retenant notamment parmi les causes de l'échec de Maximilien la nature même de l'empereur, qu'il a jugé trop dépensier, mais aussi trop peu déterminé. Les troupes issues des différents états impériaux lui sont également apparues souvent désunies.

Reconquête de Pise

Machiavel reprend aussi en main à son retour de la cour impériale les affaires militaires. Alors que semble s'être éloignée la perspective immédiate d'un grand conflit en Italie, Pise redevient la priorité de la République florentine. La reconquête apparaît d'autant plus urgente que des négociations sont en cours entre la France et l'Espagne, et font craindre que le sort de Pise ne se décide sans la Seigneurie.

Alors, le 16 août 1508, les Dix confient à Machiavel la tâche de lever à la hâte une petite troupe et de la mener lui-même à Pise pour participer au siège et surtout renforcer le saccage des récoltes du *contado* : ce qu'on appelle le *guasto*, guerre de destruction – terme qu'on trouve aussi en moyen français avec le mot *gast*, et qui a donné le mot « dégât » (on parlerait aujourd'hui de stratégie de la « terre brûlée »). Les résultats sont assez médiocres et Pise ne fléchit pas. La Seigneurie se décide alors à une opération de plus grande ampleur. D'abord, Florence attaque Lucques, qui continue à servir de base arrière à Pise, au nord. Pendant ce temps, en octobre et novembre 1508, Machiavel lève une troupe plus importante autour de

Florence. Lucques finit par céder et accepte d'appliquer les mesures de blocus contre Pise, que Machiavel est envoyé faire respecter, avec succès, quoique de Florence lui parviennent quelques remontrances, parce que ses lettres sont trop rares et ses informations trop parcimonieuses. Sur les conseils de son cher Biagio Buonaccorsi, il corrige la situation.

Les circonstances favorisent aussi les entreprises florentines : à la fin de l'année 1508, le roi de France, l'empereur et le roi d'Espagne signent un traité formant la « ligue de Cambrai ». Celui-ci vise officiellement la paix. En réalité, secrètement, les trois puissances s'allient contre Venise. Pour Florence, cela signifie l'absence de tout danger immédiat, et que le champ est libre pour reprendre Pise. En mars 1509, Machiavel continue d'organiser l'*ordinanza* en vue de l'assaut, et dresse avec ses hommes un barrage sur l'Arno, qui doit à la fois parfaire le blocus de Pise, et servir de pont aux Florentins. Il est également envoyé à Piombino pour rencontrer une délégation pisane. Celle-ci s'avérant finalement ne chercher qu'à gagner du temps, Machiavel rompt les discussions.

Le siège continue de se durcir, semaine après semaine, au printemps 1509, sous la supervision de Machiavel, qui ne s'éloignerait pour rien au monde, alors qu'il sent l'objectif à sa portée. Lui-même voudrait un assaut final, mais des négociations sont engagées courant mai, auxquelles il participe, et dont il rend compte aux Dix. L'accord de reddition est signé le 4 juin, portant pour Florence le nom du chancelier Marcello Virgilio et, juste au-dessous, celui de Machiavel. Les Florentins entrent à Pise le 8 juin 1509.

Dans la correspondance de Machiavel, on retrouve plusieurs lettres d'amis qui le félicitent, le remercient, lui communiquent la joie qui traverse Florence. « Il n'est pas possible d'exprimer combien de bonheur, combien de jubilation et de joie tout ce peuple a tiré de la nouvelle », lui dit Agostino Vespucci, « chaque homme est fou d'exultation, on allume des feux dans toute la ville ». Filippo Casavecchia, commissaire de Barga, au nord de la Toscane, va plus loin encore : « chaque jour », déclare-t-il à Machiavel, « je découvre en vous un prophète plus grand que n'en eurent jamais les Hébreux ou toute autre époque ».

LA FIN DE LA RÉPUBLIQUE

Florence a triomphé de Pise, et retrouve la totalité de ses terres, disposant grâce à Soderini et Machiavel d'une véritable armée, capable de rétablir l'ordre, de maintenir la paix, de s'opposer à un ennemi éventuel. Du moins, un ennemi de la taille de Pise, car face aux grandes puissances, on ne peut rien. C'est ce que montre en cette même année 1509 la déroute vénitienne face à la ligue de Cambrai, qui occupe une grande partie des possessions de la République des doges, même si l'empereur Maximilien reperd bientôt une partie de ces conquêtes.

Mantoue, Vérone

Florence reste donc à la merci des puissants. C'est pourquoi, lorsque la négociation sur le tribut dû à l'empereur germanique aboutit, pour une somme de 40 000 florins en quatre versements, Florence accepte. Le premier versement a lieu en octobre 1509, et pour le second, en novembre, on demande à Machiavel de conduire l'expédition, accompagné de deux ou trois soldats, les 10 000 florins d'or étant portés à dos de mules. Ayant quitté Florence le 10 novembre, le convoi a pour destination Mantoue, où il arrive le 15 pour transmettre la somme à un émissaire impérial. Une fois cette tâche accomplie, Machiavel a pour instructions de poursuivre sa route pour une mission d'observation à Vérone, où il espère voir l'empereur.

Arrivé sur place le 21 novembre, il y reste trois semaines dans l'attente de Maximilien, sans que survienne d'événement marquant. Pour tromper l'ennui, Machiavel écrit, esquisse peut-être quelques poèmes, échange des lettres, qui nous donnent à voir le personnage, au-delà de ses fonctions. Le 8 décembre, il écrit ainsi à Luigi Guicciardini, et invoque d'ailleurs pour commencer sa chère Fortune, qui « dans une même affaire donne aux hommes des fins différentes ». Quelques jours après son arrivée, comme il l'explique, loin de Florence et « aveuglé par la pénurie de mariage », Machiavel se laisse entraîner par une « vieille ribaude » qui lave son linge et s'avère être également maquerelle. Le conduisant dans un coin sombre, elle lui présente « une femme avec un linge sur la tête et le visage, qui faisait la honteuse ». Alors, « pour abréger », poursuit Machiavel, « je l'ai baisée un coup, et même si je lui trouvais les cuisses flasques, et le con suintant, et l'haleine un peu puante, malgré tout, j'avais un tel désir que je me laissai aller ». Une fois satisfait vient à Machiavel l'envie de voir la « marchandise » en allumant une lanterne. « Hélas ! Je faillis tomber raide mort tant cette femme était laide. Je vis d'abord une touffe de cheveux blancs et noirs, enfin chenus, bien qu'elle eût le sommet de la tête chauve, et qu'on vît se promener sur cette calvitie quelques poux». Suivent encore des lignes et des lignes d'une description où l'humour de l'auteur affronte le sordide et l'irrévérencieux: la bouche de la femme «ressemblait à celle de Lorenzo de Médicis [le Magnifique sans doute, qui sur les portraits arbore des lèvres particulièrement pincées] mais tordue d'un côté, et il en sortait un peu de bave car, privée de dents, elle ne pouvait retenir la salive». Authentique ou inventée de toute pièce, la mésaventure, dit-il à son correspondant, aura au moins eu l'utilité de le dissuader de tout autre écart de conduite pendant son séjour.

Rien n'étant survenu de particulier à Vérone, Machiavel retourne à Mantoue le 11 décembre, où il reçoit son congé le 17. Il rentre à Florence le 2 janvier 1510. Sur le chemin du retour, il reçoit toutefois des nouvelles inquiètes, une lettre de Biagio Buonaccorsi qui relate qu'un homme masqué a présenté contre Machiavel une dénonciation, l'accusant de ne pouvoir occuper ses fonctions de secrétaire en raison de la naissance illégitime de son père, et des dettes héritées de ce dernier. Ainsi resurgit, de façon inattendue, le spectre de l'infortune de Bernardo, redirigé anonymement contre Niccolò. Ces malveillances sont d'ailleurs sans effet, puisque la question de démettre Machiavel ne semble pas s'être posée.

Troisième légation en France

Les missions s'enchaînent pour Machiavel, auquel il semble que rien n'échappe de petites et de grandes affaires. Il passe quelques jours à Monte San Savino en mars, aux confins du pays siennois, pour régler un différend territorial entre communautés locales, puis à San Miniato et dans le voisinage de Pistoia, pour recruter des troupes. Mais les vrais enjeux sont ailleurs. On s'inquiète maintenant à Florence des ambitions de Jules II, qui a signé la paix avec Venise et envisagerait de se tourner vers la France. Machiavel est envoyé le 20 juin 1510 à la cour de France, l'ambassade florentine étant vacante, pour discuter de ces questions.

Il parvient à Lyon le 7 juillet, et se voit exiger par Louis XII que la Seigneurie se déclare plus franchement en sa faveur. À la cour, la guerre contre le pape paraît désormais inévitable, et Machiavel partage bientôt cette certitude. Or, le pape de son côté a déjà envoyé ses troupes contre des possessions des Este, alliés de la France qui gouvernent Ferrare, comme la Seigneurie en informe Machiavel. Autour de Louis XII, on envisage cette guerre avec confiance. Le roi croit pouvoir installer un nouveau pape, et descendre « avec tant d'hommes en Italie que sa guerre n'en sera pas une, mais sera un voyage jusqu'à Rome », comme le rapporte Machiavel aux Dix, de Blois, le 18 août. Machiavel est ensuite malade de la coqueluche pendant quelques jours (comme une bonne partie de la cour, et le roi lui-même). Cela ne l'empêche pas d'écrire aux Dix, notamment pour leur réclamer un supplément d'argent.

Les tractations à la cour se poursuivent. Un temps, on suggère à Machiavel que Florence pourrait se charger d'une médiation entre Louis XII et Jules II, mais la tentative fait long feu. Puis, comme la France demande des garanties de Florence, Machiavel presse à son tour les Français de s'engager dans le conflit, s'il doit se déclarer, tout en arguant que l'armée de la Seigneurie sera mieux utilisée pour interdire aux troupes pontificales l'accès à ses terres et le passage à travers la Toscane. Ces propos, qu'il rapporte le 30 août 1510, semblent porter. Il est donc entendu que Florence épaulera la France, mais sans envoyer de troupes au risque de dégarnir ses défenses : le commandement français à Milan n'adressera plus de requêtes pour que la Seigneurie lui envoie des hommes.

Alors que se termine sa légation, Machiavel suit tout de même la cour à Tours, et ne se hâte pas de rentrer. Il arrive à Florence le 19 octobre.

Quatrième légation en France

En cette fin 1510, il devient évident que la France et Rome vont s'affronter. Florence se trouve plus que jamais au point de rencontre entre les ardeurs du pape et celles du roi. Il faut se préparer : on envoie de nouveau Machiavel recruter pour l'*ordinanza*, et cette fois-ci, pour des troupes montées. Il se rend pour cela dans le Val di Chiana, à deux reprises, en novembre et en décembre. Il est également envoyé à Sienne alors que la trêve entre les deux villes est proche d'expirer. Mais le mal pourrait bien venir d'ailleurs : on découvre en cette fin d'année une conjuration menée par Prinzivalle Della Stufa, visant à assassiner le gonfalonier Soderini pour le compte des Médicis, voire de Jules II lui-même. Les résistances et oppositions au gonfalonier persistent donc, incarnées par les *optimates*, le régime est loin de faire l'unanimité, et le danger d'une déstabilisation existe aussi à l'intérieur de la République.

Les missions à caractère militaire se poursuivent en janvier 1511. Machiavel inspecte les fortifications de Pise, puis d'Arezzo. Même chose à Poggio Imperiale, au sud, en février. En mars, il se rend deux fois encore dans le Val di Chiana pour y recruter des troupes à cheval, et celles-ci font une revue à Florence fin avril. Machiavel est encore chargé d'une mission à Monaco au sujet de la saisie d'un galion florentin, du 5 mai au 5 juin, puis de la négociation d'un nouveau traité avec Sienne et Petrucci, et de nouveaux recrutements de cavaliers dans le Val di Chiana et le Casentino, en août et septembre.

Les combats, pendant ce temps, entrent dans leur phase active entre la France et Rome. Après quelques progrès du pape, qui remporte le siège de Mirandola, en Émilie, en janvier, les Français défendent Ferrare, et lancent une contre-offensive qui leur permet de reprendre Bologne en mai. Ces combats se déroulent aussi sur le plan religieux : la France convoque un concile avec les cardinaux du royaume et de l'Empire, prévu à Pise pour septembre. Toutefois, pendant l'été, les événements tournent en défaveur de la France. Le pape convoque pour mai 1512 un concile universel à Rome, et parvient à former autour de lui une Sainte Ligue contre la France, avec l'Espagne. Le concile de Pise devient une initiative schismatique, et Maximilien hésite désormais à y associer ses propres cardinaux. Or, puisque Pise doit accueillir ce concile, la situation florentine devient délicate. Le pape prononce d'ailleurs l'interdit sur Florence.

Machiavel est envoyé en France pour que soit revu ce projet de concile. Il quitte Florence le 10 septembre 1511, et rejoint d'abord le 12, à Borgo San Donnino, quatre des cardinaux du camp français déjà réunis. Ceux-ci consentent à ne pas passer par la ville de Florence, mais maintiennent leur concile. Machiavel poursuit à Milan pour s'entretenir avec le lieutenant royal Gaston de Foix, puis repart le 15 septembre vers la France. Une semaine plus tard, le 22 septembre, il est déjà à Blois, où se trouve Louis XII, auquel il se présente avec l'ambassadeur florentin en poste, Roberto Acciaiuoli. Les deux hommes font un plaidoyer pour la paix, en vain. En revanche, s'ils n'obtiennent pas l'annulation du concile, ni son déplacement dans un autre lieu, le roi accepte de le différer jusqu'à la Toussaint. Machiavel relate ces brèves négociations dans une lettre du 24 septembre, la seule envoyée de cette quatrième et dernière légation française. Ayant reçu son congé à la mi-octobre, il est de retour à Florence le 2 novembre.

Il travaille à son retour sur un *Portrait des choses de France*, synthèse de ses observations au cours de ses différentes légations, qui commence par ces mots : « La couronne et le roi de France sont aujourd'hui plus vaillants, riches et plus puissants qu'ils n'ont jamais été. » Suit un véritable tableau du royaume, des forces de ses institutions, des qualités de ses troupes, description d'un détail très poussé, dont est censée ressortir l'image d'un allié invincible.

L'effondrement

Aucun répit n'est laissé à Machiavel qui, dès le lendemain de son retour de France, repart escorter les cardinaux à Pise. Il doit surtout les convaincre de déplacer leur concile, qui débute le 5 novembre. C'est chose faite quelques jours plus tard : les cardinaux rejoignent Milan. À Florence, pourtant, l'inquiétude ne faiblit pas. La foudre qui frappe à cette même période le palais de la Seigneurie est interprétée comme un mauvais présage. L'interdit du pape, suspendu le 1er décembre, est rétabli le 15. Machiavel recrute de nouveau des fantassins en décembre. En février 1512, il organise une revue de la cavalerie, et une loi sur celle-ci, préparée par ses soins, est adoptée le 30 mars. Puis, après un passage à Sienne en mai en raison de la mort de Pandolfo Petrucci, il se rend à Pise du 6 au 15 juin pour organiser les défenses.

Enfin, les choses se précipitent avec les défaites françaises en Romagne, et à Bologne. La Sainte Ligue submerge les Français touchés par la mort de Gaston de Foix à la bataille de Ravenne, en avril. En juin 1512, les troupes de Louis XII se retirent de Lombardie et abandonnent Milan à Maximilien Sforza. L'assaut peut être lancé sur la Toscane : les troupes espagnoles déferlent en août, avec à leur tête le vice-roi de Naples, Ramón de Cardona, mais ce n'est pas tout. Les Médicis sont là, à la manœuvre, du moins les deux fils de Laurent le Magnifique ayant survécu à l'exil : Julien, que son titre de capitaine de la garde pontificale récemment décerné rend successeur de Cesare Borgia, et son frère le cardinal Jean de Médicis, qui s'est évadé après avoir été capturé par les Français à Ravenne, et qui, peut-être, pense déjà à la succession de Jules II qu'on dit malade.

Machiavel est, encore une fois, au cœur de l'action. Il doit mener les troupes, et en lever de nouvelles, pour faire face à l'ennemi, mais c'est peine perdue. Le gonfalonier, soutenu en cela par le Grand Conseil, a beau rejeter les exigences de l'Espagne, qui souhaite le retour des Médicis, la situation militaire rend les négociations inévitables. Sous une pression grandissante, et après la prise de Prato le 29 août, mise à sac par les Espagnols, Soderini finit par abandonner la tête de la République. Il quitte la ville le 31 août, pour se réfugier à Sienne. On accepte finalement, et un lourd tribut de 140 000 ducats, et le retour des Médicis comme simples citoyens, et une réforme du gouvernement. Un nouveau gonfalonier, Giovambattista Ridolfi, est élu pour une durée limitée. Mais les Médicis ne s'imaginent pas longtemps citoyens privés : le 16 septembre, ils prennent le palais de la Seigneurie. Proclamant la *balìa*, lointainement inspirée de la dictature antique, ils abolissent les institutions le 18 septembre. Le 29 septembre est organisée une commission pour la restitution aux Médicis de tous leurs biens.

Le régime est donc renversé, et la réinstallation des Médicis se précise. Le premier chancelier, Marcello Virgilio, est maintenu à son poste. En revanche, Machiavel, le *mannerino* de Soderini, l'artisan de la milice, l'homme aux quatre ambassades à la cour de Louis XII… peut-il rester au service des Médicis ? Peut-être l'espère-t-il lui-même, du moins quelques lettres écrites en octobre 1512 le montrent-elles désireux de conseiller les partisans médicéens pour cette transition.

Au cardinal Jean, il recommande ainsi de faire cesser les initiatives pour récupérer les biens des Médicis et d'opter pour une indemnisation par la Seigneurie, afin d'éviter les protestations et de s'assurer l'assentiment de tous. Il rédige aussi un bref texte, un *Mémoire aux* «*palleschi*» (les partisans des Médicis), dans lequel se lisent toute sa peine et son dégoût, non pas de voir revenir ceux-ci à la tête de la Seigneurie, mais plutôt de voir par quelles intrigues et quelles manigances certains passent au camp médicéen, et avec quelle hypocrisie également, ceux-ci faisant, selon ses propres mots, «la putain entre le peuple et les Médicis». On reconnaît dans ce portrait les *optimates* qui s'opposaient à la république, et à l'*ordinanza*. Or, d'après Machiavel, ceux qu'il accuse ne feraient que sauver leurs intérêts propres, tout en réfléchissant à la possibilité d'un retour à la république, qui leur permettrait éventuellement de se retourner à moindres frais contre les Médicis en s'appuyant sur le peuple. Ce texte bien peu machiavélien, au fond, le montre peut-être tel qu'il est, loin des observations et des conseils qu'il formule à tête reposée: moins opportuniste qu'il n'aimerait l'être sans doute, et, qui sait, peut-être, guidé par une forme de morale – ne serait-ce que celle dont il se réclame ici encore: l'intérêt de Florence et l'équilibre du régime.

Machiavel est finalement destitué de son office et de toute fonction le 7 novembre 1512. Quelques jours plus tard, le 10 novembre, il lui est interdit de sortir du territoire de Florence et des alentours immédiats ; et le 17, il est même touché par une interdiction de mettre les pieds au palais. Une page se tourne dans l'histoire florentine, et dans la vie de Machiavel, qui quitte le palais, descend de cheval, cesse ses missions, sort des secrets et des pourparlers, écarté du pouvoir auquel il a pendant quatorze ans activement participé.

Chapitre 4

LOIN DU POUVOIR (1513-1520)

La Fortune s'est jouée de Machiavel. « Tu ne peux te fier à elle, ni croire éviter sa dure morsure, ses coups impétueux et cruels. » Que faire, alors, lorsqu'on a tout perdu, et que le destin que l'on pensait maîtriser nous échappe ? La question se pose à Machiavel avec d'autant plus d'acuité que le régime restauré des Médicis traque ses ennemis, attentif à toute velléité de rébellion.

APRÈS LA DÉBÂCLE : VIVRE, ÉCRIRE

De vagues indices selon lesquels il aurait pris part à un projet de conjuration, mené par Agostino Capponi et Pietro Paolo Boscoli, font qu'en ce début d'année 1513 Machiavel est recherché par la police. Comme on ne le trouve pas chez lui, un avis est publié le 12 février, ordonnant à quiconque sachant où se trouve Niccolò, fils de Bernardo Machiavelli, de le dénoncer, sous peine de confiscation de ses biens. Sagement, Machiavel se présente spontanément. Il est emprisonné et soumis à la torture. Il subit le supplice de l'estrapade, par lequel on suspend la victime par les bras, généralement derrière le dos, jusqu'à lui déboîter les épaules. Il n'avoue rien, cependant, n'a rien à avouer sans doute, et aucune preuve n'existe contre lui.

La prison, les épreuves

Emprisonné, Machiavel écrit des lettres à ses proches, mais aussi deux sonnets adressés à Julien de Médicis. « J'ai, Julien, aux jambes une paire de liens/Et six traits de cordes aux épaules. » C'est avec esprit, mais aussi avec réalisme, que Machiavel décrit les conditions de sa détention, les souffrances, les poux, la puanteur, le bruit incessant, avant d'en appeler à la « pitié » du dédicataire pour qu'il le relâche. Ironiquement, et indirectement, c'est bien à un Médicis qu'il doit sa libération : non pas Julien, mais son frère. Le 21 février, en effet, pendant que Machiavel croupit en prison, le pape Jules II meurt. Le 11 mars, le cardinal Jean de Médicis est élu sous le nom de Léon X, et proclame immédiatement une amnistie dont bénéficie Machiavel, dès le 12 ou 13 mars, après un mois de réclusion.

Nous sommes donc au printemps 1513. Machiavel est libre mais n'a plus d'emploi. Il a certes un toit au Palazzo Machiavelli, et un patrimoine dont il jouit pleinement – son frère Totto, devenu prêtre, a renoncé en 1508 à sa part de l'héritage paternel. Mais Machiavel a aussi des enfants : après Primerana, Bernardo et Lodovico, naît un autre fils, Guido, fin 1512 ou début 1513. Dans l'été 1513 lui naît aussi une fille, morte avant d'être baptisée, chose terriblement courante en ce temps (il semble d'ailleurs que Machiavel ait déjà perdu deux enfants en bas âge, en 1506 et 1511). Sans doute ne faut-il pas voir un signe d'insensibilité dans les mots de Machiavel, d'une limpidité glaçante, adressés à son neveu Giovanni Vernacci : « Nous allons tous bien, et Marietta a fait une petite fille, qui est morte au bout de trois jours. Et la Marietta va bien. » Il n'en reste pas moins qu'ils sont six bouches à nourrir ; alors, tout en passant le plus clair de son temps dans sa propriété de Sant'Andrea in Percussina, profitant de ses quelques ressources, Machiavel s'adresse à ses connaissances. Il quémande.

Dès le 13 mars et sa sortie de prison, il écrit à Francesco Vettori, pour se raccommoder avec lui et son frère Paolo, tous deux restés au service de la Seigneurie après le changement de régime – Francesco occupe le poste enviable, et sans grand risque, d'ambassadeur de Florence à Rome, c'est-à-dire de Julien auprès de Jean… Sans trop de détours, mais avec tout de même quelques précautions, Machiavel en vient à sa demande : « Gardez-moi, si c'est possible, à la mémoire de Sa Sainteté, qui, si c'était possible, pourrait commencer à m'employer, soit lui soit les siens, à quelque chose, parce que je crois que cela vous ferait honneur, en même temps que de m'être utile. » Dès cette date, les lettres de Machiavel abondent, dans lesquelles il partage son aspiration à être employé au service de la Seigneurie, à ce que ses compétences et son expérience soient mises à profit. De bon ou de mauvais gré, Machiavel se conforme donc au rôle de celui qui cherche des appuis, des soutiens, pour se rapprocher à nouveau du centre de gravité. Les réponses de Vettori sont d'ailleurs amicales, chaleureuses même. On peut penser que le *mannerino* de Soderini savait, en toutes circonstances, susciter de la sympathie, et que les amitiés qui lui avaient été témoignées pendant ses quatorze ans de second chancelier n'étaient pas feintes. Il faut dire que, même dans la disgrâce, Machiavel pouvait encore être une source précieuse d'avis sur la situation diplomatique, objet de ces échanges qui se poursuivent au cours d'une période qui court de 1513 à 1520 et même au-delà.

Circonstances d'écriture du *Prince*

Les échanges de Machiavel donnent aussi à entrevoir la façon dont il vit. « Mon corps va bien, mais tout le reste va mal », dit-il le 4 août à son neveu Giovanni Vernacci, poursuivant avec une religiosité qu'on ne lui connaît pas, et qui pourrait effectivement inquiéter quiconque le lit habituellement : « Il ne me reste d'autre espoir que Dieu pour m'aider. » Aux lamentations succède cependant un temps de recul. Le 10 décembre 1513, dans une lettre célèbre à Vettori, Machiavel se raconte, plus qu'à l'accoutumée, et nous suivons ses pensées au fil de la plume : « Et puisque la Fortune veut tout faire, il faut la laisser faire, rester tranquille et ne pas s'y opposer, et attendre le temps où elle laisse les hommes faire quelque chose. » Il prend son parti, accepte son sort, et s'en remet non plus à la grâce de Dieu, mais aux caprices de la Fortune. Ne dira-t-il pas d'elle qu'il faut « la prendre pour étoile, et autant que possible pour nous, à chaque heure, s'adapter à ses changements » ?

Voilà donc en somme Machiavel retrouvé. Suit, dans la lettre à Vettori, une description de sa vie à la campagne : il attrape des grives, se promène par les bois où il supervise les coupes des bûcherons, puis va jouer aux cartes à l'auberge, avec les artisans du village. Là surgissent « mille disputes et d'infinies querelles de paroles injurieuses », tout cela faisant que, même pour un sou, « on nous entend crier depuis San Casciano ». Mais ce n'est pas tout. Dans ses déambulations, il dit avoir toujours sous le bras un livre, Dante, ou Pétrarque, ou quelque poète ancien, Tibulle, Ovide. Et le soir, rentré à sa maison, s'étant débarrassé de son habit « plein de fange et de boue », il se retire dans son cabinet, habillé « de vêtements royaux et de cour », et ainsi, raconte-t-il, « j'entre dans les cours anciennes des hommes anciens ». Machiavel lit, questionne les auteurs de l'Antiquité, se rassure de leurs leçons. « Et pendant quatre heures je ne ressens aucun ennui, j'oublie tous mes soucis, je ne crains pas la pauvreté, je n'ai pas peur de la mort : je suis tout absorbé par eux. »

De ce dialogue, ajoute-t-il, est né un texte intitulé *De principatibus* (*Des principats*), dans lequel il traite « de ce qu'est un principat, de combien d'espèces en sont, comment ils s'acquièrent, comment ils se maintiennent, pourquoi ils se perdent ». Dans l'obscurité humide des soirées de Sant'Andrea, à l'écart de Florence et de son gouvernement, dans ce temps comme arrêté pour l'ancien secrétaire, retombé à 43 ans dans la relative pauvreté de ses origines, est donc né *Le Prince*.

L'ART DE L'ÉTAT : *LE PRINCE*

Puisque le but poursuivi est ici biographique, il s'agit d'abord d'examiner cet objet surgi au milieu d'une vie – Machiavel jusqu'alors avait certes beaucoup écrit, mais jamais un texte aussi long. Pour parler du *Prince*, il faut alors se poser quelques questions, et surtout, les bonnes questions, les plus fondamentales : d'abord, qu'est-ce que *Le Prince* ? Avant d'en venir, si l'on veut comprendre pourquoi il sera tant lu et tant commenté, à une autre question : pourquoi *Le Prince* ?

Propos

De principatibus : *Des principats*. C'est ce que signifie le titre latin, même si la suite est en florentin. Voici donc ce texte, écrit dans la discrétion d'une retraite forcée. « Texte » et non pas « livre », car il n'est pas question, quand Machiavel l'écrit, de l'imprimer, de le diffuser largement. La première édition du *Prince* date d'ailleurs de 1532, après la mort de Machiavel. Il ne le compose pas en vue d'une publication, mais d'abord comme un recueil de pensées personnelles, ainsi qu'il le présente à Vettori, une sorte de rapport comme il avait l'habitude d'en rédiger dans ses fonctions de second chancelier, ici pour récapituler ce que ses années à la Seigneurie lui ont enseigné : « On verrait », dit-il à Vettori, « que pendant les quinze ans que j'ai passés à étudier l'art de l'état, je n'ai ni dormi ni joué ». C'est donc d'abord un texte sur « l'art de l'état », l'*arte dello stato* dit Machiavel, issu de ses expériences et éclairé par ses lectures. La politique est un métier : c'est d'ailleurs ce que doit démontrer *Le Prince*. Dans une autre lettre à Vettori, le 9 avril 1513, déjà Machiavel déclare : « La Fortune a fait que, ne sachant discuter ni de l'Art de la soie, ni de l'Art de la laine [...] il m'appartient de discuter de l'état. »

Quand il parle de « l'art de l'état », ce n'est donc pas seulement comme métaphore, d'autant que le sens du mot *stato*, état avec une minuscule, n'est pas tout à fait encore celui de la grande machine institutionnelle moderne. En parlant d'un « art », Machiavel paraît se concevoir comme inventeur d'une pratique spécifique et encadrée du gouvernement, au sens de métier puisqu'il renvoie aux corporations florentines, mais aussi au sens de l'activité artistique, se comparant par exemple au peintre qui représente un paysage. Peut-être pense-t-il à Léonard, dressant quelque esquisse sur les hauteurs de Sienne, ou inspectant une quelconque forteresse ? Machiavel écrit : « Comme ceux qui dessinent les pays se placent en bas, dans la plaine, pour considérer la nature des monts et des lieux élevés, et comme pour considérer les lieux bas ils se placent en haut des montagnes, de même, pour connaître bien la nature des peuples, il est besoin d'être prince, et pour connaître bien celle des princes, il convient d'être du peuple. » Machiavel revendique sa particularité d'homme du peuple formé à la politique. Il se montre également prêt à se mettre au service des Médicis. Il leur dédie son texte, et plus précisément à Laurent le Jeune, fils de Pierre II (et donc neveu de Julien et de Léon X), qui participe à l'administration de la cité florentine. Machiavel tente surtout d'apitoyer son destinataire : la dédicace se conclut sur la « grande et continuelle malignité de fortune » dont il souffre.

Le Prince est donc moins un livre de théoricien, un véritable traité gouvernemental, qu'une composition personnelle visant, sinon à s'attirer les bonnes grâces des Médicis, du moins à montrer à ceux-ci et à leur entourage que Machiavel connaît la politique, qu'il n'a pas servi Soderini simplement comme un « mouton », mais qu'il peut apporter réflexion et conseils, y compris au service du régime restauré.

Machiavel poursuit par ailleurs dans *Le Prince* un but, il démontre quelque chose. Les premiers mots sont célèbres : « Tous les états, toutes les seigneuries qui ont eu et ont un pouvoir sur les hommes ont été et sont ou des républiques ou des principats. » Ce ton rappelle certains textes écrits pendant ses fonctions de second chancelier, la *Provision des deniers* de 1503 notamment. On retrouve d'ailleurs dès les premières pages du *Prince* une préoccupation centrale, l'utilité des armes propres, pour acquérir et conserver le pouvoir. Car la question qui est au cœur de l'ouvrage n'est autre que celle de savoir conserver le pouvoir nouvellement acquis. Le cadre dans lequel s'inscrit la réflexion est en revanche différent des textes antérieurs de Machiavel puisqu'il s'agit désormais du principat (qu'on pourrait désigner aussi comme le régime d'un seul, la monarchie, donc) ; et surtout du principat qui n'est pas gouverné de façon héréditaire, qui a été acquis par celui qui le dirige, et que l'on veut conserver. On pourrait encore penser à Julien de Médicis, mais rappelons que les Médicis gouvernent à travers des institutions formellement républicaines (comme avant 1494). Or, Machiavel évacue la question de la république en tant que régime. Le texte ne porte donc pas spécifiquement sur le cas florentin : au contraire, si l'on suit à la lettre les précautions de Machiavel, son propos s'applique plutôt à d'autres types de régime politique. Les nombreux exemples qu'il invoque, y compris ceux qu'il tire de son expérience, concernent d'ailleurs peu sa patrie. Ce recours à différents cas historiques, provenant notamment de l'Antiquité, est par ailleurs une des caractéristiques majeures du *Prince* : Machiavel s'appuie sur les exemples passés pour en tirer des leçons politiques applicables, et cette dimension est plus développée encore dans les *Discours sur la première décade de Tite-Live*, auxquels il pense et travaille peut-être déjà.

Types de principats

Le Prince comprend vingt-six chapitres, qu'on peut répartir en trois parties principales. D'abord, du chapitre 1 au chapitre 11, Machiavel fait l'exposé des différents types de principats, en fonction des différentes façons de les acquérir, et des fragilités propres à chacun d'entre eux. Cette typologie est très détaillée :

il cite les principats héréditaires, auxquels il ne s'intéresse pas, et les principats plus récents dans l'histoire. D'abord ceux qu'il appelle « mixtes », notamment lorsqu'une partie est ajoutée à un royaume, comme ce fut le cas pour Milan rattaché à la France, mais que Louis XII n'est pas parvenu à conserver (contrairement à Alexandre et ses successeurs dans l'Empire perse). Cette partie adjointe à un royaume peut avoir les mêmes coutumes, parler la même langue, ou non ; elle peut avoir été libre, ou bien avoir déjà été gouvernée comme un principat.

Par ailleurs, point essentiel pour Machiavel, la conquête peut se faire par les « armes propres », ce qui permet aux princes nouveaux d'exister « par eux-mêmes », ou bien en dépendant « d'autrui ». Dans le premier cas, ils peuvent user de la force pour se maintenir, dans l'autre, il leur faut « prier » ceux qui portent les armes pour eux. Et ces princes-ci « finissent toujours mal et ne mènent rien à terme ». Voilà pourquoi « tous les prophètes armés sont allés à la victoire, et les désarmés à leur ruine » : Machiavel oppose les grands fondateurs reposant sur leurs armes propres (Moïse, Cyrus, Thésée, Romulus) à l'exemple même du prophète désarmé, Jérôme Savonarole, dont la ruine survint dès que le plus grand nombre cessa de le croire.

Le prince peut aussi le devenir par la Fortune, et ce thème essentiel est évoqué à travers l'exemple de Cesare Borgia dans le chapitre 7. Machiavel se plaît à retracer ce parcours, malgré son échec final : « Je ne saurais pas donner de meilleurs préceptes à un prince nouveau », dit-il d'ailleurs, et sa chute « ne fut pas sa faute, parce qu'elle résulta d'une malignité de fortune extraordinaire et extrême ». Ayant établi des fondements solides pour sa puissance, y compris des armes propres, Cesare fut touché par la mort de son père Alexandre VI, et par sa propre maladie, précise Machiavel, qui ne lui reproche qu'une seule faute, d'avoir laissé faire l'élection de Jules II, alors que sa position lui aurait permis d'en faire élire un autre.

Concluant cette énumération, Machiavel évoque le « principat civil » qui renvoie à un type de monarchie élective, ou par proclamation, comme dans le cas du *princeps* romain – un des titres portés par ceux que l'on appelle improprement « empereurs » de Rome, et les « principats ecclésiastiques », c'est-à-dire le cas particulier des possessions pontificales.

L'armée

Puis, les chapitres 12 à 14 du *Prince* traitent des questions militaires, qui sont donc bien au cœur du texte. Machiavel y développe toutes les idées qu'il entretient depuis quinze ans au sujet des armes propres. « Les principaux fondements qui caractérisent tous les états, aussi bien nouveaux que vieux ou mixtes, sont les bonnes lois et les bonnes armes », rappelle-t-il. Ces pages sont avant tout une mise en garde contre les mercenaires, et les exemples sont tirés de l'Antiquité aussi bien que de l'histoire récente, y compris celle de Florence, pour défendre la mise en place d'une armée permanente de citoyens, qui même en temps de paix permet de se garantir contre l'éventualité d'une guerre. Quant aux modèles à suivre, ils sont de même tout aussi bien anciens (Rome et Sparte, surtout) que contemporains. Machiavel montre en particulier de l'admiration pour les cités allemandes, qui restent « très libres » grâce à leurs défenses, et « obéissent à l'empereur quand elles le veulent », sans jamais le craindre (chap. 10). Il mentionne encore les Suisses, « très armés et très libres », deux traits rendus indissociables.

En réalité, cette question de la guerre nourrit l'ensemble du traité, qui s'achève d'ailleurs sur une exhortation célèbre à libérer l'Italie des « inondations étrangères » de barbares qui l'occupent.

Manières de gouverner

Enfin, dans les chapitres 15 à 26, Machiavel annonce s'intéresser à ce que « doivent être les modes [ou les manières : *modi*] et les gouvernements d'un prince vis-à-vis de ses sujets et de ses amis ». Et c'est dans cette dernière partie du *Prince* qu'il ouvre vraiment un espace de réflexion neuf, qui donne à voir l'originalité de sa pensée, et offre la part la plus polémique de son propos – celle dont la réception a agité l'Europe pendant un siècle et plus. On peut faire le tour des principaux points abordés par Machiavel dans ces chapitres, même s'il faudra revenir à certains des chapitres précédents, également parsemés de ces réflexions.

Première notion problématique et neuve : Machiavel affirme que, pour que son propos soit vraiment utile, il choisit « de suivre la vérité effective de la chose plutôt que ce qu'en dit l'imagination ». Ici, le Florentin revendique plus que jamais son statut de « praticien » de la politique contre les « théoriciens ». Il semble effectivement moquer un peu les auteurs de traités « qui se sont imaginé des républiques et principats qui n'ont jamais été vus ni connus ». On peut ici envisager toutes sortes de grands noms dont Machiavel entend s'écarter : Platon, Aristote, etc. Plus encore, parler de « vérité effective » (*verità effettuale*), c'est aussi considérer que la vérité peut elle-même produire des effets. Si on le suit mot à mot, c'est donc la vérité d'une situation donnée qui dicte la façon dont il faut agir, et l'action politique devient l'effet direct de cette vérité. L'enjeu se trouve déplacé de l'action même, la décision, vers la capacité à comprendre la situation, à reconnaître quelle est cette vérité, à observer un contexte et comprendre ce qu'il dit, ce qu'il dicte.

En particulier, on peut relier cette vérité effective à l'importance de la notion de temps et de circonstances chez Machiavel – ce que sont les temps, si les temps sont favorables ou défavorables. Cette notion, d'ailleurs, avait déjà occupé Machiavel durant ses années de secrétaire, notamment dans les *Ghiribizzi al Soderino* rédigés en 1506 après la prise de Pérouse par Jules II. « Le temps chasse devant lui toute chose et peut apporter avec lui le bien comme le mal », dit-il dès le chapitre 3 du *Prince*. De même, la Fortune resurgit à plusieurs reprises, comme dans tant de lettres et de vers de Machiavel. Elle est un « fleuve furieux » qu'il faut endiguer avant les crues, ou encore, autre comparaison qui soulève aujourd'hui l'effroi : « La Fortune est femme et il est nécessaire, si on veut la culbuter, de la battre et de la frapper » (chap. 25). Il faut donc fonder la politique sur les temps : certaines choses peuvent être tour à tour utiles ou inutiles, bénéfiques ou néfastes, « selon les temps » (chap. 20), qui peuvent être favorables ou « contraires » (chap. 8). Voilà pourquoi le rôle du prince est d'anticiper, de prévoir ce qui peut arriver, et donc de déceler ce qu'il appelle la « qualité des temps » (chap. 9 et 25). Alors que « le prince qui s'appuie en tout sur la Fortune va au-devant de la ruine à la moindre variation », au contraire « est heureux celui qui fait se rencontrer sa façon de procéder avec la qualité des temps » (chap. 25).

À partir de la vérité effective, et de la qualité des temps, le prince doit donc adopter des manières appropriées, des *modi*, des façons de gouverner opportunes, pour souligner cette capacité d'adaptation. Le corollaire à cette conception des *modi*, c'est que Machiavel relativise tout ce qui est extrinsèque à l'action politique. Les préceptes moraux traditionnels, le bien et le mal par exemple : cela ne signifie pas qu'il ignore les notions de bien et de mal, mais qu'il est nécessaire de considérer qu'une action bonne sur le plan politique ne correspond pas forcément à l'image traditionnelle du bien. Certes, il est toujours bon d'être aimé, mais il faut aussi être craint et, à choisir, « il est beaucoup plus sûr d'être craint qu'aimé ». Machiavel ne conseille pas aux princes de se faire tyrans, sachant le risque de tyrannicide que cela leur fait encourir : il faut au contraire « fuir la haine », et l'on peut « être craint et ne pas être haï » (chap. 17). En revanche, il n'est pas non plus possible de vouloir se conformer à une image figée du bien sans aussi pouvoir y déroger si la situation l'exige : au contraire, « il est nécessaire à un prince, s'il veut se maintenir, d'apprendre à pouvoir ne pas être bon, et d'en user et de ne pas en user selon la nécessité » (chap. 15). De même, il peut être nécessaire de recourir au « mal » ou à la « cruauté », ainsi qu'il la désigne avec franchise (chap. 17) – celle-ci pouvant aussi bien être bien employée que mal employée, selon les circonstances (chap. 8). La réflexion, au fond, n'est pas sans lien avec l'opposition moderne qui nous est familière entre intérêt particulier et intérêt général : le bien de la communauté n'est pas forcément dans l'intérêt de chacun ; en revanche, lorsqu'il le défend, on donnera toujours raison au prince : s'il parvient à vaincre ses ennemis et à « maintenir son état », alors « les moyens seront toujours jugés honorables » (chap. 18). Cette discussion a participé de l'image d'un Machiavel immoral, forgée après sa mort, et pourtant on peut aussi y voir un véritable débat *sur* la morale qui, loin d'ignorer le problème, l'affronte et tente d'y répondre – mais toujours de façon *politique*. C'est donc un peu plus complexe, un peu plus nuancé aussi, que la maxime que l'on ne trouve pas chez Machiavel, mais qu'on lui attribue parfois : la fin justifie les moyens.

De même, Machiavel se réapproprie la notion de vertu d'une manière très spécifique. Par ce mot, il ne désigne plus un ensemble de qualités déterminées transmises par la pensée classique et chrétienne (les vertus cardinales traditionnelles : prudence, tempérance, courage, justice ; auxquelles on ajoute les vertus théologales de la foi, de l'espérance et de la charité). La *virtù* politique pour Machiavel, c'est justement la capacité propre au prince d'adapter son comportement en fonction des circonstances pour se maintenir au pouvoir. Ainsi, à la question : « Vaut-il mieux être fort ou rusé, faut-il être lion ou renard ? », Machiavel rétorque qu'il faut être les deux – « être renard pour se défendre des pièges, et être lion pour effrayer les loups ».

Voilà la vraie force et la vraie prudence : adapter son comportement à la qualité des temps. Plutôt qu'une sécularisation de la vertu, c'est une séparation de la politique comme champ d'action et de réflexion, par rapport à toute règle figée, que traduit cette évolution. Et la *virtù*, c'est la compétence propre du prince, ce qui fait de la politique, pour Machiavel, un véritable métier, avec ses propres règles, qu'il compare à celui de l'archer, du médecin, des comparaisons qui existaient déjà à la fin du Moyen Âge, mais qui sont ainsi réactualisées. En cela, Machiavel prolonge d'ailleurs certaines traditions de la littérature politique occidentale, tout en les réinventant, en les subvertissant selon ses propres convictions. La répétition du motif du médecin n'est toutefois pas seulement une métaphore innocente. Un médecin, en italien, c'est un *medico*. Au pluriel, *medici*. Est-ce une suggestion ? Les Médicis seraient-ils les mieux indiqués pour soigner les maux florentins ? La question reste ouverte quant à ce que Machiavel espère vraiment obtenir grâce à ce texte…

En résumé, l'affirmation d'un métier politique suivant ses propres règles, et plus encore libéré de toute règle générale et inviolable (qu'elle soit religieuse ou civile), est au cœur de la pensée machiavélienne développée dans *Le Prince*. Une action politique qui est, au fond, toujours au bord de l'exception, toujours en mesure de contourner les lois et les règles, ou de les rendre conformes à ce que dictent les circonstances, en poursuivant un seul but : se maintenir.

ROME COMME MODÈLE : LES *DISCOURS SUR LA PREMIÈRE DÉCADE DE TITE-LIVE*

Si *Le Prince* est aujourd'hui l'œuvre la plus connue et la plus lue de Machiavel, l'ampleur précise de son lectorat à l'époque de sa réception est incertaine, et ses effets immédiats sont assurément modestes. Le texte, sans nul doute, circule parmi ses amis, et les anciens collègues de Machiavel – ceux à qui il s'est confié au sujet de son écriture, Vettori en tête – manifestent leur enthousiasme. Mais ils sont peu pressés de le transmettre à Julien de Médicis, comme le montrent les échanges entre les deux hommes en janvier 1514. Machiavel multiplie pourtant les éloges au sujet de Julien et des Médicis, cherchant par tous moyens à se rapprocher du pouvoir florentin.

Circonstances d'écriture

Dans un fragment de lettre de cette période, un brouillon peut-être, Machiavel loue ainsi chez Julien les qualités d'un seigneur qui « se fait et aimer et révérer, plutôt que craindre » (oubliant un instant ses leçons, selon lesquelles il faudrait se faire et aimer et craindre), ainsi que « la magnificence et la libéralité » de sa maison. Machiavel entretient aussi ses relations d'amitié, répétant dans sa correspondance les leçons et conseils du *Prince*, et les développant encore. Après la première *Décennale* de 1504 lui vient l'idée d'en rédiger une seconde, toujours en *terza rima*, traitant des événements de la décennie qui s'est écoulée depuis. Il y travaille vraisemblablement en 1514, mais finit par abandonner cette rédaction, trop occupé par *Le Prince*, ou par quelque autre projet. Cette seconde *Décennale* traite donc de la période commençant en 1505, mais s'arrête en 1509, relatant la victoire de la ligue de Cambrai contre Venise, et l'incapacité de Maximilien à conserver son avantage.

Au-delà du cercle amical, à Florence, on a de l'estime pour Machiavel et, sans nul doute, pour ses réflexions et le travail qu'il a accompli comme chancelier. En

1515, les Médicis décident ainsi de recréer la milice fondée sous Soderini. Machiavel rédige même des conseils, les *Ghiribizzi d'ordinanza*, sans qu'on sache toutefois si cela résulte d'une quelconque demande. Malgré son expérience, il continue en effet d'inspirer aussi une certaine méfiance : le 15 février 1515, le pape adresse à son frère Julien le conseil de « ne pas se compromettre avec Nicolas ».

La situation précaire de Machiavel se prolonge pendant plusieurs années. Durant cette période, on le voit parfois donner de véritables signes de tristesse, d'aigreur, voire de découragement. S'adressant à ses proches, il délaisse les faux-semblants de la flatterie et de la déférence. À Giovanni Vernacci, son très cher neveu, il confie en novembre 1515 : « La Fortune ne m'a laissé rien d'autre que les parents et les amis. » Puis, le 15 février 1516, quelques mots, teintés d'une franche amertume : « Quant à moi, je suis devenu inutile à moi-même, à mes parents et à mes amis, parce que mon sort douloureux en a voulu ainsi. » Il ne lui reste plus, dit-il, que la santé, et la patience – mais il ne désespère pas d'un retour de fortune. Cette perspective, il est vrai, n'est pas impossible : Vettori lui confie d'ailleurs une mission à Livourne en octobre 1516 (sans que l'on en sache vraiment l'objet, sans doute de peu d'importance).

Cette période n'est cependant pas un temps de solitude absolue. Non seulement Machiavel correspond avec ses amis, mais il fréquente aussi différents lieux de la sociabilité florentine, car il est connu et recherché pour ses opinions politiques. C'est un habitué des jardins Rucellai, les *Orti Oricellari*, avec certitude à partir de 1517 (et déjà, peut-être, un an ou deux auparavant). Ces réunions informelles d'humanistes, de poètes, d'artistes, prennent place depuis des années dans les luxuriants jardins de Bernardo Rucellai, lui-même banquier, diplomate et mécène, proche de Laurent le Magnifique, dont il a épousé la sœur Lucrèce, dite « Nannina ». Ces assemblées ont d'ailleurs débuté sous Soderini, quand Bernardo Rucellai, du camp des *palleschi*, se trouvait à l'écart des cercles du pouvoir. Après sa mort en 1514 et une pause, les réunions reprennent sous l'égide de ses fils Palla et Giovanni, et plus encore de son petit-fils Cosimo, surnommé « Cosimino ». Âgé d'une vingtaine d'années, et alors qu'un rôle éminent à la Seigneurie semblait pour lui se profiler, Cosimo a été touché lors de sa première mission, en Allemagne, par une maladie qui le laisse alité, paralysé, jusqu'à sa mort en 1519. C'est lui semble-t-il qui réunit ces membres de l'élite politique et culturelle florentine, jeunes talents prometteurs et autres personnalités singulières – dont Machiavel.

Au cours de cette période, donc, après l'écriture fiévreuse du *Prince*, Machiavel écrit encore, et construit une œuvre véritable. De secrétaire, ayant produit quantité de lettres et d'écrits administratifs et diplomatiques, insensiblement il devient comme à son insu un auteur prolifique. Ainsi les *Discours sur la première décade de Tite-Live*. Si les dates de la rédaction de cet ouvrage sont encore sujettes à discussion, tout porte à croire que son élaboration s'est étalée sur une très longue période, et probablement résulte-t-elle d'ailleurs de réflexions engagées depuis plus longtemps encore, du temps où il était secrétaire. Il n'est pas impossible non plus que le texte que nous connaissons soit une réécriture d'un brouillon antérieur, progressivement renforcé, étendu. Sans doute y travaille-t-il à partir de 1513, en même temps qu'il achève l'écriture du *Prince*, ou peu après, pour en terminer la rédaction entre 1517 et 1519, stimulé par les conversations des jardins Rucellai, où l'on cherche à connaître ses idées et ses jugements.

Toujours est-il que Machiavel produit un commentaire des dix premiers livres de l'*Histoire romaine* de Tite-Live (sur cent quarante-deux au total) et que celui-ci est quasiment achevé en 1520, sans exclure quelques révisions ultérieures (ce texte, lui aussi, ne sera publié qu'après la mort de Machiavel, en 1531, soit un an avant *Le Prince*).

Projet et structure

Là où *Le Prince* se caractérise d'abord par sa concision, son langage direct, et ses fulgurances, les *Discours* sont plus fournis, patients. Pourtant, le propos n'y est pas vraiment systématique. Machiavel ne suit d'ailleurs pas l'*Histoire* de Tite-Live pour en faire une glose méthodique, chapitre par chapitre, mais il sélectionne, pioche au gré des thèmes qu'il aborde, avance des réflexions plus ou moins reliées les unes aux autres, se concentrant sur les préoccupations qui sont les siennes, autant qu'il met en scène sa capacité à discourir sur l'histoire tout en dressant des parallèles avec les situations contemporaines. Machiavel s'attache ainsi à établir des rapprochements entre la politique de la Rome de l'Antiquité, et celle qu'il connaît et a vu pratiquée en Italie. Cet aller-retour entre Tite-Live et Florence et l'Italie pendant les guerres d'Italie est évidemment adressé, on l'imagine de façon particulièrement efficace, à ses contemporains, en même temps qu'il vise à souligner l'expérience de son auteur à la Seigneurie, comme s'il était en train de s'adresser à l'auditoire des jardins Rucellai. La dédicace des *Discours* est d'ailleurs adressée à Cosimo Rucellai, l'animateur des réunions des *Orti Oricellari*, et à Zanobi Buondelmonti, ami des Rucellai et figure de cette petite assemblée.

En tête du texte, Machiavel précise son intention. S'il relève que l'Antiquité romaine peut être mal connue de certains, il déplore surtout que sa dimension politique soit si mal comprise. Machiavel souhaite donc par son commentaire offrir une nouvelle interprétation, et surtout construire un nouvel usage de l'histoire, en ce qu'elle pourrait constituer un instrument, source d'inspiration et de réflexion stratégique sur les questions de gouvernement.

Les *Discours* comprennent trois livres. Le premier présente la situation intérieure de Rome, c'est-à-dire ses institutions, ses lois. Il se concentre aussi sur le fonctionnement même de la cité romaine, les rapports de force et les conflits internes, notamment entre la plèbe et le Sénat, en adoptant un point de vue quasiment anthropologique, ce qui correspond au tempérament pratique de Machiavel, attaché à l'observation de la réalité de la vie politique dans une république. C'est sur ces institutions et sur ces rapports de force que se fonde la puissance romaine, et sa supériorité par rapport aux autres modèles discutés par les contemporains du Secrétaire : Sparte, Athènes, ou encore Venise.

Le deuxième livre se concentre sur les questions militaires, et l'on y retrouve évidemment l'habituelle obsession de Machiavel, qui plaide à partir du modèle romain l'importance de disposer d'une armée organisée, disciplinée, et pourvue de commandants vertueux. Dans l'institution militaire se trouve également une source de la supériorité romaine, et de l'indépendance de toute république.

Enfin, le troisième livre s'inscrit dans la continuité directe du *Prince*, dont il paraît par moments comme une reformulation sur la base des exemples issus de Tite-Live. La question centrale dans ce livre III est en effet la question de l'établissement et du maintien d'un régime, ce qui fait qu'un prince rencontre le succès ou non, quelles qualités doivent être les siennes pour gouverner, et ce qu'est au fond l'action politique même.

On peut dès lors relever les idées principales développées dans ces *Discours*, même si, autant que pour *Le Prince* – plus encore peut-être – résumer la pensée que Machiavel déploie dans un tel texte est compliqué, et fait courir le risque de la superficialité.

Livre I : le peuple et les institutions

D'abord, la période à laquelle s'attache Machiavel en commentant la première décade de l'*Histoire* de Tite-Live fait partie de la période républicaine. Ce n'est pas un hasard, c'est en effet l'époque de l'histoire romaine la plus apte à soutenir la comparaison avec la Florence du début du XVIe siècle, et ce même si le retour des Médicis est de nouveau synonyme d'un régime aux apparences républicaines, mais profondément oligarchique. La comparaison n'en apparaît pas moins pertinente à Machiavel, d'abord parce que le livre I, consacré aux institutions et équilibres intérieurs à Rome, lui permet de tirer quelques leçons et principes concernant les fondements de la république. Cela, non seulement en tant que commencement, origine d'un régime (comme la fondation de Rome par Romulus, Numa et ainsi de suite), mais aussi comme fondement légal, institutionnel. Plus encore, Machiavel réfléchit à la façon dont la forme du gouvernement rejoint aussi le fondement même du pouvoir, qui réside dans le peuple sur lequel il s'exerce, ses différentes composantes et leurs caractères respectifs.

Rome est un exemple de « république parfaite » selon Machiavel, parce que très tôt ses institutions ont visé à maintenir un équilibre stable entre le Sénat et le peuple, notamment par l'institution des tribuns de la plèbe. Que l'on ne se méprenne pas : la république ainsi que la pense Machiavel ne repose pas seulement sur la souveraineté populaire, la façon de la représenter et d'assurer la légitimité des gouvernants. La pensée de Machiavel n'est pas constitutionnelle, figée dans les formes politiques. Il ne pense pas en juriste, mais en praticien. Ce qui l'intéresse, c'est la façon dont vit une république. Or, ce qui détermine la réussite d'un régime, c'est avant tout la gestion des tensions entre les composantes sociales. En effet, au cœur d'une cité se trouvent toujours des ambitions contraires : d'un côté, celle des nobles, des Grands, caractérisés par « un grand désir de dominer » ; de l'autre, celle des non-nobles, qui ont « pour seul désir de ne pas être dominés », c'est-à-dire d'être libres. Ce point apparaissait déjà furtivement dans *Le Prince*, au chapitre 9, où Machiavel qualifiait d'ailleurs ces mouvements contraires d'humeurs à l'intérieur du corps social – autre illustration de la métaphore médicale dont il a déjà été question. Évidemment, ces réflexions de Machiavel sont en lien direct avec Florence et la manière dont la République, comme dans le passé sous Soderini ou maintenant avec le retour des Médicis, dépend de l'équilibre entre le peuple et les Grands. Plus encore, Machiavel considère que ces conflits sont aussi une force motrice de l'histoire romaine, et que leur encadrement par des institutions appropriées a permis à la république romaine de devenir conquérante. En revanche, les périodes de tumulte excessif nécessitent aussi des mesures adéquates et Machiavel rappelle les institutions exceptionnelles à Rome, comme la dictature.

Autre élément particulier à Rome, que souligne Machiavel : la place de la religion, et la façon dont celle-ci est inféodée au gouvernement de la république. Machiavel souligne en particulier l'interpénétration entre rites et usages religieux, respect des institutions, et efficacité de l'organisation militaire dans l'Antiquité romaine. L'éloge de la religion civique romaine est par ailleurs assorti d'une violente critique de l'Église moderne, Machiavel accusant celle-ci, et la cour pontificale au premier chef, de donner un exemple désastreux en matière de respect de la religion même, de ses dogmes et de ses principes, et par ailleurs, de maintenir l'Italie divisée, et donc affaiblie. Ces passages, qui ont valu à Machiavel son image d'auteur athée, de promoteur du paganisme, d'ennemi de la religion, constituent donc avant tout une critique de l'institution ecclésiastique telle qu'il la connaît, tandis que le jugement positif sur la religion romaine découle d'une approche de la religion comme instrument politique – jugée par certains contemporains comme une inversion de la hiérarchie couramment admise entre le temporel et le spirituel.

Livres II et III : la guerre, les temps, l'action

La partie centrale des *Discours* est consacrée à la guerre, et ce n'est évidemment pas un hasard, l'institution militaire étant pour Machiavel un volet indispensable à tout régime durable, symétriquement aux institutions civiles du gouvernement. Rome est en la matière un exemple à suivre, qui sut étendre sa domination sur le monde méditerranéen et au-delà.

Aborder ce thème est pour Machiavel l'occasion d'évoquer de nouveau la Fortune, et de s'inscrire en faux contre l'opinion répandue qui fait reposer sur elle la réussite de Rome, alors que, lui semble-t-il, « ce fut la vertu des armées qui lui fit acquérir sa domination », et qui permit à son régime de la conserver : en effet, si aucune autre république n'a établi une telle puissance, « c'est parce qu'on [n'en a] jamais trouvé aussi bien ordonnée qu'elle pour faire des conquêtes ». Une fois encore, la grandeur de Rome réside avant tout dans ses institutions (armée comprise) et sa discipline. D'où, dans la seconde partie des *Discours*, plusieurs chapitres où Machiavel multiplie les indications sur la meilleure façon de structurer et d'équiper les armées, tout en soulignant qu'il faut se prémunir des mercenaires : intérêt de l'artillerie, nécessité de se reposer principalement sur l'infanterie, utilité de la cavalerie comme force d'appoint... tout l'arsenal de l'époque y passe. Machiavel regrette aussi que l'exemple romain ne soit pas mieux suivi, notamment en matière de discipline, conformément à sa vision dynamique de la politique et des enjeux extérieurs, les conquêtes pouvant pour lui aussi bien être un signe de force et une source de prospérité qu'une cause de ruine, dans les républiques mal ordonnées.

On trouve par ailleurs quelques réflexions originales, voire polémiques, comme lorsque Machiavel affirme que « l'argent n'est pas le nerf de la guerre », à l'encontre de l'opinion commune (II, 10). Ce passage parfois critiqué comme signe d'un manque de réalisme signifie simplement que Machiavel pense au fond que l'argent n'est pas aussi important que les « bons soldats ». Pour lui, il serait plus juste d'inverser la proposition : « les bons soldats sont bien suffisants pour trouver l'or ».

En somme, la valeur des hommes et des armes propres amène réussite et richesse, tandis que l'or seul n'assure pas la supériorité militaire et des défenses solides, par exemple si les soldats sont mal choisis et mal entraînés, ou pis, si cet or est dilapidé dans la solde de mercenaires.

Dès la fin du livre II, Machiavel revient à la Fortune, à la façon dont elle se joue des hommes, lorsqu'on s'abandonne à ses caprices. Le retour de ce motif privilégié offre comme une transition vers le livre III où il traite des différents enjeux qui peuvent traverser une république, notamment en cas de crise, accentuant le parallélisme entre les observations historiques et la situation florentine – au point que le propos paraît ici s'inverser, Florence devenant le véritable sujet des *Discours*, et Tite-Live un prétexte, un simple réservoir d'exemples historiques à l'appui de la démonstration. Machiavel tente par exemple d'expliquer l'échec de Soderini en soulignant son caractère trop conciliant, quand leur vertu poussait les Romains à la résolution, à l'exemple de Junius Brutus, condamnant à mort ses fils conjurés.

Le thème militaire continue cependant d'irriguer le propos dans plusieurs chapitres. On retrouve aussi, dans ce troisième livre, certaines notions qu'affectionne Machiavel, notamment celle de la qualité des temps

– la nécessité de s'accorder avec les temps, de varier avec eux, pour s'attirer les grâces de la fortune. Plusieurs principes exposés dans les derniers chapitres sont également directement repris du *Prince*, par exemple que la patrie doit être défendue que ce soit avec ignominie ou avec gloire (III, 41), ou encore qu'avec impétuosité et audace on obtient souvent ce que par des moyens ordinaires ou n'obtiendrait jamais (III, 44).

LA VIE, LES VERS, LA SCÈNE

Et Machiavel, au-delà de ces deux textes célèbres, que devient-il vraiment ? Dans cette période, entre 1513 et 1520 – celle à laquelle il est le plus productif – les traces de sa vie proprement dite se font plus rares.

Pointillés : vie personnelle, vie sentimentale

Après son renvoi de la Seigneurie, ses lettres personnelles sont une source d'informations précieuse. Si l'on a de sa main vingt-cinq lettres en 1513 et 1514, la majorité à destination de Francesco Vettori, cette source se fait ensuite moins abondante. Quatre lettres nous sont parvenues de 1515, puis deux par an seulement en 1516, 1517, 1518 et 1520 – et aucune en 1519.

Essayons donc de remplir les pointillés, en filigrane des textes qu'il écrit. On l'a dit, Machiavel, la quarantaine bien sonnée, passe beaucoup de temps à la campagne, à Sant'Andrea in Percussina, où la vie est plus douce, et moins coûteuse qu'à Florence. La famille s'agrandit d'ailleurs : après Primerana, Bernardo, Lodovico et Guido, un nouveau fils naît à Marietta en 1514, prénommé Piero, puis une fille, Bartolomea, surnommée Baccina, autour de 1520. Machiavel passe aussi du temps à Florence, en particulier parmi le cercle brillant des *Orti Oricellari*, où il a des amis, et où certains peut-être le soutiennent aussi de leur générosité.

Ce n'est pas tout, il ne fréquente pas que les jardins des Rucellai, et quelques indices existent sur les infidélités de Machiavel. On lui connaît des liaisons. Déjà lors de son voyage en France en 1510, quelques lettres indiquent qu'il y fréquentait une certaine Jeanne. Et en ville, Machiavel a depuis plusieurs années ses habitudes dans des lieux de réputation douteuse. « Quand je suis à Florence », dit-il à Francesco Vettori le 4 février 1514, « je reste entre la boutique de Donato Del Corno et la

Riccia ». La boutique de Del Corno est un lieu de vie, de bavardages, et aussi de rencontres homosexuelles. Quant à Riccia, de son vrai nom Lucrèce, elle est une courtisane florentine, et les échanges de Machiavel montrent qu'elle est déjà devenue sa maîtresse en 1510. « Il me semble », ajoute Machiavel, « que je finis par les ennuyer tous les deux, et l'un m'appelle empêche-boutique, et l'autre empêche-maison ». Alors, il recourt à ce qu'il sait le mieux faire : donner des conseils, apparemment avec succès puisque, relate-t-il, « Donato m'a laissé me réchauffer à son foyer », tandis que Riccia « me laisse parfois l'embrasser, même furtivement ».

Puisque Machiavel lui confie ses fâcheries et déceptions amoureuses de secrétaire déchu de sa bonne fortune, Vettori le rassure aussitôt : « je ne pense pas », lui répond-il, « qu'elle ait autre chose que de l'amour pour toi, et qu'elle refusera de t'ouvrir quand tu le voudras ; je la dirais alors ingrate, alors que je l'ai jugée jusqu'à présent humaine et gentille ». Vettori poursuit ses encouragements, dans l'éventualité où la courtisane laisserait sa porte fermée, peut-être occupée avec un autre : « Quand Riccia te ferme la porte, baisse-toi vers le Riccio de Donato, qui ne change pas selon la fortune, mais a du nerf et des reins solides, et va plus droit aux amis d'en bas qu'à ceux d'en haut. » Les plaisanteries se laissent difficilement comprendre, et le double langage est si omniprésent qu'il fait toujours courir le risque de la surinterprétation. Surtout, il est forcément hasardeux de déduire de tels échanges le contexte (qui devrait, au contraire, les éclairer), et d'acquérir grâce à eux des certitudes sur la vie sentimentale de Machiavel. Certains ont vu dans ces échanges la preuve qu'il allait et venait d'une femme à un homme. D'autres y voient une simple boutade de Vettori qui, moqueur, dirait par là à Machiavel – connaissant bien les conceptions de ce dernier sur la nécessité d'être un homme de l'occasion face aux revers de fortune – qu'il y a toujours une solution à ses problèmes. Le « Riccio de Donato », auquel Machiavel faisait déjà référence en disant qu'il aurait pu le rechercher un jour qu'il n'avait pas vu Riccia, pourrait bien n'être qu'un personnage fictif, ou un surnom pour un quelconque client de la boutique, comme, peut-être, un sobriquet plus licencieux concernant Del Corno lui-même.

On a aussi de Machiavel une lettre du 3 août 1514, toujours à Vettori, dans laquelle il s'épanche sur une relation aussi brève qu'intense, à la campagne. Remerciant comme toujours sa chère Fortune, il annonce ainsi avoir « rencontré une créature si gentille, si délicate, si noble, et par nature et par accident, que je ne pourrais ni la louer assez, ni l'aimer assez, qu'elle ne le mériterait plus. » La missive décrit des transports de tendresse et d'oubli – Machiavel se montre amoureux, au point d'en perdre presque toute ironie.

Théâtre, poésie

À côté des grands textes théoriques, ce côté plus primesautier s'exprime aussi par l'écriture de nombreux textes bien plus fantaisistes. Machiavel est un polygraphe qui pratique les vers comme la prose, et il sait traiter de questions sérieuses autant que de choses légères, sans jamais cesser de faire montre de son inventivité habituelle, et de la vivacité d'esprit qu'on lui connaît particulièrement dans sa correspondance privée.

On se souvient que Machiavel avait copié et traduit deux comédies de Térence dans sa jeunesse, avant d'entrer au service de la Seigneurie. Vers 1504, il avait aussi écrit *Les Masques*, une pièce satirique en un acte inspirée d'Aristophane, depuis perdue, dans laquelle il tournait en dérision certaines figures politiques contemporaines. Or Machiavel revient à sa passion ancienne pour le théâtre : dès 1513-1514 sans doute, il écrit une comédie rapportant l'histoire rocambolesque d'une jeune femme séduite et de son vieux mari trompé : la *Mandragore* (*Mandragola*). La pièce est écrite en florentin, se déroule à Florence, et illustre aussi la volonté de Machiavel d'être reconnu pour son écriture (et non uniquement pour ses conseils et commentaires sur le gouvernement) dans sa patrie. Mais ce n'est pas tout : peut-être écrite en même temps que *Le Prince*, la *Mandragore* apparaît comme contaminée par les principes politiques exposés dans son traité sur le gouvernement des principats.

Sous la plume de Machiavel, au-delà des calembours, des grivoiseries et des ridicules, l'amour aussi devient chose politique. Le personnage de Lucrezia (Lucrèce, le prénom de sa chère Riccia) est aussi inaccessible qu'une forteresse à conquérir, et aussi insatisfaite que le plus capricieux des peuples – c'est-à-dire comme les Florentins eux-mêmes, à qui la pièce est dédiée. Son mari, Nicia, est un vieux notaire trop sûr de lui qui doit tout à la seule Fortune, et se montre incapable de connaître ses faiblesses, comme de reconnaître son ennemi. Le séducteur, Callimaco, est venu spécialement depuis la France pour voir de ses yeux la beauté de Lucrèce, dont la renommée a traversé les monts. Au bord du triomphe, Callimaco est pris d'hésitation, il manque de résolution comme jadis l'empereur Maximilien face à Venise, ou encore Piero Soderini lui-même pendant ses années de gonfalonier. Seules les manigances de Ligurio, son conseiller en la circonstance, profiteur sans scrupule, lui permettent finalement de triompher – par la ruse bien sûr, et non par la force. On peut encore mentionner Fra Timoteo, moine prêt à accepter toutes les compromissions et tous les écarts de conduite pour de l'argent. Ce personnage figure les travers de l'Église romaine tout entière, conformément à la critique des *Discours*, en même temps qu'il propose aux Florentins une inversion totale, et donc comique, de la figure inflexible de Savonarole – Timoteo est probablement, lui aussi, dominicain. La *Mandragore*, sans doute jouée pour la première fois à Florence au cours du mois de carnaval, début 1520, rencontre rapidement le succès et propulse Machiavel parmi les plus éminents représentants de la comédie italienne moderne, l'influence de la pièce ayant été notée aussi bien sur la *commedia dell'arte* que revendiquée par Goldoni.

Les fréquentations variées de Machiavel à cette époque se révèlent aussi dans l'écriture un peu anecdotique des *Règlements d'une compagnie de plaisir*, une parodie des statuts des *brigate*, les compagnies destinées à soutenir les Médicis à travers des événements politiques autant que festifs. Machiavel imagine donc ces règles, pour une compagnie où l'on devra, entre autres plaisanteries et absurdités, « toujours dire du mal l'un de l'autre », où « chacun sera obligé d'envier le bien d'autrui » et où « celui ou celle qui parlera toujours plus sans conclure devra être honoré ».

Autre illustration de cette porosité des genres et de cette omniprésence de la politique dans les écrits de Machiavel : *L'Âne*, un poème satirique écrit en 1517, ou dans les années qui précèdent, et inspiré de *L'Âne d'or* d'Apulée. Resté inachevé, il est vaguement autobiographique : le protagoniste se trouve, du jour au lendemain, expulsé de Florence – comme Machiavel chassé du palais – et s'éveille sans savoir pourquoi ni comment dans une forêt perdue, sous l'empire de Circé, la dangereuse magicienne, aux puissants pouvoirs de métamorphose. Dans la solitude de son exil, le narrateur se laisse aller à ses pensées, réfléchissant au rôle de la Fortune, et à « la cause des changements des choses de ce monde ». Il étend aussi ses observations aux causes de la réussite ou de la ruine des états – les obsessions de Machiavel ne sont jamais loin et resurgissent souvent de façon imprévue. Pour échapper à Circé, le narrateur doit accepter d'être transformé en âne, comme avant lui d'autres victimes : c'est sur la rencontre avec celles-ci, personnalités illustres devenues des bêtes, que s'achève le texte, et plus précisément encore sur la description d'un porc qui, de la fange où il se vautre, affirme au personnage principal son bonheur d'être devenu un animal, enfin débarrassé de toutes les faiblesses et de tous les vices humains.

Enfin, Machiavel travaille aussi à une brève fable en prose intitulée *Belfagor archidiable*, dont la datation reste imprécise (soit entre 1518 et 1520, soit vers 1526). L'histoire est celle d'un prince des Enfers envoyé parmi les hommes pour vérifier si le mariage apporte bien les tourments que l'on prétend. L'archidiable prend la forme d'un jeune homme riche, et épouse une Florentine, Onesta, qui ne tarde pas à le ruiner : après quelques péripéties, Belfagor, pour s'enfuir, retourne d'où il est venu, au royaume des ombres, où l'existence lui apparaît donc plus douce que dans l'enfer de la vie conjugale.

Loin du pouvoir, Machiavel s'est construit une nouvelle vie et, plus encore, il a construit une œuvre. On peut même dire qu'il est devenu célèbre, quoiqu'il s'en défende dans le prologue de la *Mandragore*. Ne demande-t-il pas d'ailleurs à Lodovico Alamanni, diplomate florentin à Rome et ami de l'Arioste, de féliciter ce dernier pour son *Roland furieux*, tout en lui faisant dire : « Je me plains seulement que, ayant cité tant de poètes, il m'ait ignoré *come un cazzo.* » Le juron italien désigne le membre viril – on dirait couramment en français « comme une merde ». Cela alors que, rappelle Machiavel, lui-même n'a pas oublié l'Arioste dans son *Âne*. Que veut-il dire par là ? Il est vrai que *L'Âne* regorge de références et d'échos de poètes illustres, à commencer par Dante. Mais peut-être aussi invite-t-il l'Arioste à se demander, parmi les caricatures bestiales de *L'Âne*, si l'une d'entre elles ne lui ressemblerait pas un peu. Facétieux, Machiavel ne craint visiblement ni de vexer ses amis, ni de se faire des ennemis. Il a tout connu, tout subi, les précautions diplomatiques comme la torture, la disette comme le succès public. Il sait s'attirer les éloges sans cesser d'être irrévérencieux. Tout cela, sans jamais perdre de vue une cause, à laquelle il semble tout entier appartenir : défendre sa patrie.

Chapitre 5

FLORENCE, TOUJOURS (1520-1527)

Machiavel n'a pas ménagé ses efforts depuis huit ans. Il s'est évertué à montrer ses capacités, son expertise – construisant au passage, en homme de l'occasion habitué à saisir ce que lui donne la Fortune, une part essentielle de son œuvre écrite. Aussi cette période à l'écart du pouvoir est-elle dans sa vie, plutôt qu'une parenthèse, un véritable apogée intellectuel.

LES SOUTIENS AMICAUX ET *L'ART DE LA GUERRE*

Si cela finit par payer, c'est également grâce à ses soutiens, et ses amis des *Orti Oricellari*, en particulier Lorenzo Strozzi et son frère Filippo qui acceptent de jouer le rôle d'intermédiaires avec les Médicis.

L'intérêt des Médicis

Il faut préciser que la situation de la dynastie qui règne de fait sur Florence évolue aussi. Julien de Médicis meurt en 1516, laissant son frère Léon X seul en charge de superviser les affaires de la cité depuis Rome. La situation est accentuée par la mort prématurée de leur neveu Laurent, en 1519. C'est alors au cardinal Jules de Médicis, un cousin illégitime devenu archevêque de Florence en 1513, que revient le rôle d'assurer pour le compte de sa famille et du pape le contrôle sur la cité toscane.

Les frères Strozzi présentent Machiavel au cardinal en mars 1520, et le lui recommandent, apparemment avec succès. Quelques semaines plus tard, en effet, le 26 avril 1520, Battista Della Palla, autre fidèle des *Orti*, informe Machiavel depuis Rome qu'il a parlé de lui au pape Léon X et qu'il a trouvé celui-ci « disposé au mieux » à son égard. Il est alors question de le charger d'une quelconque commission auprès du cardinal « pour écrire, ou autre ». Plus encore, Della Palla a évoqué avec le pape leur petit groupe de fidèles des jardins Rucellai, qu'il appelle « notre compagnie », et la valeur que l'on y accorde à Machiavel, à son discernement et à son jugement. La conversation a aussi porté sur la *Mandragore*, dont une représentation est en préparation à Rome. Son correspondant annonce même à Machiavel avoir discuté de sa pièce avec le cardinal Bibbiena, lui-même auteur d'une autre comédie des plus retentissantes, *La Calandria*, créée en 1513.

Commission à Lucques et écriture de *L'Art de la guerre*

La première commission dont est bientôt chargé Machiavel est un voyage à Lucques, où il se rend le 9 juillet 1520 et demeure jusqu'en septembre pour régler une affaire liée à la faillite d'un marchand lucquois, Michele Gunigi, et aux dettes laissées par celui-ci envers différentes familles florentines. Si insignifiante que soit cette mission, Machiavel tire de son séjour deux textes. Dans un *Sommaire de la cité de Lucques*, il reprend l'habitude qu'il avait de rédiger des rapports quand il était second chancelier, et présente les institutions de la Seigneurie, leurs qualités et leurs faiblesses. Il produit aussi une *Vie de Castruccio Castracani*, biographie d'un condottiere gibelin du XIVe siècle qui, gouvernant Lucques, avait tenu tête aux guelfes florentins.

Dédiant ce texte à deux amis des *Orti Oricellari*, Zanobi Buondelmonti (également dédicataire des *Discours*) et Luigi Alamanni, il le leur envoie avant même son retour. Ce petit essai historique contient de nombreux éléments entièrement inventés par Machiavel. Peu soucieux de rapporter les faits tels qu'ils sont attestés, il préfère offrir un exemple de l'histoire telle qu'il la conçoit, c'est-à-dire au service d'une forme d'idéalisation de la figure du prince, de celui qui commande, et de quelques principes directeurs de l'action politique autant que militaire. Autre particularité : Machiavel se plaît à donner la parole à Castracani – et on retrouvera ce choix du discours direct dans les *Histoires florentines*. Cette *Vie de Castruccio Castracani* est bien reçue par les amis des jardins Rucellai, qui communiquent dans leurs lettres leur enthousiasme à Machiavel. Plus encore, ils l'incitent à écrire un ouvrage d'envergure sur l'histoire de Florence, et poussent, autour du cardinal Jules de Médicis, pour que cette commission se fasse. Le 6 septembre, Zanobi Buondelmonti raconte le plaisir qu'ils ont tous eu à lire cette biographie de Castracani, et dit à Machiavel que son « modèle d'histoire » le « ravit ». Il ajoute, pour le convaincre : « Il semble à tous que tu devrais te mettre en toute diligence à écrire cette histoire » – l'histoire de Florence.

Le soutien de ses amis produit d'abord le troisième des textes les plus connus de Machiavel, *L'Art de la guerre*. En tête du texte figure ainsi un *proemio* en forme de dédicace à Lorenzo Strozzi. Il est certain que les conversations des jardins sont une source d'inspiration majeure de Machiavel, et les premières lignes du livre I rendent d'ailleurs hommage à « notre Cosimo Rucellai », mort le 2 novembre 1519. Ces mots permettent d'ailleurs de dater le texte, dont l'achèvement se situe quelque part entre novembre 1519 et septembre 1520, date à laquelle son ami et ancien adjoint Biagio Buonaccorsi achève une copie manuscrite complète préludant à sa publication, un travail d'ailleurs rétribué grâce à Giovanni Gaddi, banquier et mécène généreux, proche des Médicis. *L'Art de la guerre* paraît le 16 août 1521, chez Giunti, grand éditeur florentin. C'est une belle édition, avec des planches d'illustrations, ce qui indique sans doute, également, que Machiavel a bénéficié de soutiens financiers significatifs : peut-être Gaddi, encore, ou Lorenzo Strozzi, dont Machiavel loue, à la fin du prologue, la libéralité. Ce texte, le second publié du vivant de l'ancien secrétaire, avec la *Décennale* parue en 1506, est conçu pour être imprimé, il est souhaité, désiré par les amis de Machiavel qui estiment utile de diffuser ses connaissances sur la question militaire.

L'Art de la guerre : propos

L'Art de la guerre est un texte à la fois concis, et construit. D'abord, parce qu'il s'agit d'un dialogue en sept livres, censé se dérouler en 1516, qui prend place dans les *Orti Oricellari*. Il met en scène des personnages familiers de Machiavel. Cosimo Rucellai anime la conversation, comme il devait le faire dans la réalité. Et le principal protagoniste du livre est Fabrizio Colonna, condottiere au service du royaume de Naples (et donc de l'Espagne) depuis 1498, après avoir servi un temps Charles VIII. En 1516, il est effectivement passé par Florence en revenant de Lombardie, après la signature par la France et l'Espagne de la paix de Noyon, qui inaugurait une parenthèse de quatre ans dans les guerres d'Italie. S'y ajoutent plusieurs des membres du cercle des jardins Rucellai : Zanobi Buondelmonti, Battista Della Palla, et Luigi Alamanni, soit des interlocuteurs d'une vingtaine d'années, bien plus jeunes que Colonna (né autour de 1450), et d'ailleurs que Machiavel lui-même (qui, en 1516, a 47 ans).

Nous sommes donc dans les *Orti Oricellari*, on y déjeune, puis on s'y promène, à l'ombre des arbres, sous une chaleur accablante. Colonna s'émerveille de la luxuriance de ces jardins inspirés de l'Antiquité, mais, dans le même temps, pensant à tous ceux qui se complaisent dans l'admiration des Anciens, il formule un avertissement: « Qu'on se le dise en toute tranquillité, combien il serait préférable de chercher à ressembler aux Anciens dans les activités fortes et âpres et non dans celles délicates et molles, et dans celles qu'ils faisaient sous le soleil et non à l'ombre. » Ce que Colonna défend, donc, dans *L'Art de la guerre*, c'est une certaine image de l'Antiquité, « vraie et parfaite », contre une conception « fausse et corrompue » la réduisant à quelques luxueuses fantaisies – celles-ci au contraire ayant provoqué la chute de l'Empire, comme le rappelle Colonna, natif de Rome, qui voit dans cet amollissement une des raisons pour lesquelles « [sa] patrie fut ruinée ».

L'Art de la guerre s'inscrit par conséquent à la fois dans la lignée des écrits de Machiavel sur les affaires militaires, sur la manière dont il faut organiser l'armée, discipliner les soldats, et ainsi de suite, et dans celle des *Discours sur la première décade de Tite-Live*, en partant du même souhait de s'appuyer sur les exemples de l'Antiquité romaine pour les opérationnaliser et influer sur l'action, sur la décision politique. En cela d'ailleurs *L'Art de la guerre* consiste largement en la reformulation d'arguments déjà présents dans les précédents écrits de Machiavel, notamment au livre II des *Discours* – mais ici, rappelons-le, sous une forme dialoguée et synthétique, destinée à la publication.

L'Art de la guerre: aperçu

À travers le propos de Colonna et la manière dont le dialogue se noue, on retrouve également les arguments habituels de Machiavel en faveur des « armes propres », contre les mercenaires, ce débat étant au centre du livre premier. Comme il le fait dire à Colonna, Machiavel est particulièrement convaincu qu'il faut une armée de citoyens, pour qui la guerre ne serait pas un métier destiné à vivre et à s'enrichir, mais ne représenterait pas autre chose que la défense de la liberté, et de la patrie. Une activité civique, en somme : une « cité bien ordonnée » doit en effet faire en sorte que ses citoyens s'adonnent à l'étude de la guerre, à la fois, « en temps de paix comme un exercice » et « en temps de guerre par nécessité et pour la gloire ». Seul le recours à cette armée de citoyens permettrait de s'assurer que les soldats, à l'imitation de Fabrizio, puissent à la fois « aimer la paix et savoir faire la guerre » – voire, en cas de conflit, qu'ils « fassent volontiers la guerre pour avoir la paix », et non parce qu'ils ne sauraient pas faire autre chose, ou parce qu'ils y auraient intérêt, comme les soldats de métier qui, eux, « cherchent à troubler la paix pour avoir la guerre ».

Les livres suivants de *L'Art de la guerre* rentrent dans le détail de la composition des troupes, et là aussi on retrouve des idées déjà défendues ailleurs par Machiavel : l'importance fondamentale de l'infanterie, qui doit être majoritaire, tandis que la cavalerie doit offrir en appoint à la fois de la puissance avec une cavalerie lourde, et de la mobilité avec des chevau-légers. Il faut aussi savoir faire usage de l'artillerie, sans pour autant penser qu'elle dispense de la nécessité de vertu et d'ordre dans l'armée, selon l'exemple antique.

De même, pour conclure son livre, Machiavel fait-il énumérer à Fabrizio Colonna des maximes générales censées constituer le cœur de cet « art de la guerre », à destination des princes et des républiques qui le pratiquent. Le savoir militaire se trouve ainsi, une nouvelle fois, élevé comme corollaire du savoir politique, de « l'art de l'état » développé dans *Le Prince*, certaines des maximes de *L'Art de la guerre* permettant d'ailleurs de retrouver la même vivacité saisissante, propre à Machiavel. Par exemple : « Ce qui sert l'ennemi te nuit ; et ce qui te sert nuit à l'ennemi », dit la première maxime. Et encore, avançant que « la victoire des armes dépend bien plus de la fortune que du courage », Machiavel n'oublie pas les moyens de se concilier celle-ci, notamment en établissant que « la discipline vaut mieux à la guerre que la fureur ». Il faut aussi savoir dans la guerre « connaître l'occasion et la saisir, et cela est plus utile que nulle autre chose ». Machiavel revient ainsi à la pensée de l'occasion et des temps opportuns, dont la connaissance est profitable pour faire la guerre comme pour gouverner les hommes. Aussi est-il d'ailleurs préférable de n'affronter l'ennemi que si les circonstances sont favorables, à moins que ce ne soit une question de survie : « les bons capitaines », affirme-t-il ainsi, « ne vont jamais au combat si la nécessité ne les y force, ou si l'occasion ne les y appelle ».

GRANDES ET PETITES AFFAIRES

Le projet de grand ouvrage historique tant souhaité par les amis et favorisé par le cardinal Jules de Médicis prend bientôt forme : la commission « pour composer des annales et chroniques florentines » lui est adressée par les officiers de l'université de Florence le 8 novembre 1520.

Réformer le régime ?

Cette tâche est confiée à Machiavel pour un montant de 100 florins *di studio* par an, soit 57 florins d'or – un peu plus de la moitié de son ancien salaire de second chancelier. Le contrat est également accordé pour un an seulement, avec un second en option. Machiavel parviendra cependant à prolonger ses fonctions et arrachera une augmentation portant son salaire à 100 florins d'or. Surtout, ce n'est pas une charge sans importance mais bien une fonction officielle et ancienne de la Seigneurie qui lui revient, traditionnellement attribuée d'ailleurs aux chanceliers, ce qui fait de lui le successeur de prestigieux chanceliers historiographes de la République : Leonardo Bruni, Poggio Bracciolini (dit « Le Pogge »), ou encore Bartolomeo Scala.

Avant toutefois qu'il ne s'attaque à l'écriture des *Histoires florentines*, le premier texte qu'il produit est un *Discours sur les choses de Florence après la mort de Laurent de Médicis*. Sans que l'on puisse affirmer s'il répond à une commande, du moins cet écrit correspond-il bien aux préoccupations des Médicis. Léon X, à qui le discours est destiné, cherche en effet à réunir des avis sur la manière de conduire au mieux les affaires florentines, n'ignorant pas les fragilités du clan médicéen à la tête de la Seigneurie. Au-delà du pape vieillissant et de son neveu le cardinal Jules, aucun héritier légitime en âge de gouverner ne se trouve apte en effet à maintenir cette emprise.

Dans ce texte probablement achevé au début de 1521, Machiavel formule un diagnostic, après avoir constaté l'échec de toutes les formes de gouvernement différentes instaurées depuis la fin du XIVe siècle : si aucun de ces régimes n'a survécu, c'est qu'ils n'avaient pas tranché entre monarchie et république. Il faut donc choisir entre ces deux modèles et éviter un régime intermédiaire, par nature instable. Or, les réformes proposées dans le reste du texte vont résolument dans le sens de l'établissement d'une république. Machiavel prend le soin d'arguer à l'intention de Léon X que ces changements ne bouleverseraient pas son emprise, et la position dominante des Médicis : « Vous verrez comment, dans ma république, votre autorité non seulement se maintient, mais s'accroît ; et vos amis y restent honorés et en sécurité ; et le reste de la communauté des citoyens a de très évidentes raisons d'être satisfait. » Toutefois, la refonte totale des institutions qu'il propose, notamment la restauration du Grand Conseil, ne peut avoir été sérieusement considérée comme possible par le pape, et par les *optimates* à la tête de la Seigneurie.

C'est à cette période aussi que Piero Soderini fait de nouveau parler de lui en écrivant à Machiavel en avril 1521 pour lui proposer une charge. Après son exil en 1512, Soderini avait d'abord passé un temps à Raguse (l'actuelle Dubrovnik), où il avait déjà invité Machiavel à le rejoindre ; puis, il avait pu ensuite s'installer à Rome, après s'être concilié Léon X. Cette fois, il a agi comme intermédiaire auprès de Prospero Colonna, condottiere et d'ailleurs cousin du Fabrizio Colonna dont il est question dans *L'Art de la guerre*. Bataillant pour le compte du pape contre les Français, Prospero Colonna a besoin d'un secrétaire, et serait ravi de s'attacher les services de Machiavel, pour 200 ducats d'or par an ! Mais il n'en est pas question pour Machiavel, qui, sur le point de retrouver les honneurs à Florence, même moins bien rétribués, ne s'imagine pas tenter la Fortune pour se mettre au service de quelque autre cité ou seigneur.

Mission à Carpi, amitié avec Guichardin

En mai 1521, Machiavel se voit confier une mission officielle, par les Huit de Pratique, qui ont remplacé les Dix de la période républicaine. Il est chargé de rejoindre le chapitre général de l'ordre franciscain, qui se réunit à Carpi, au nord de Bologne, à l'initiative du cardinal de Médicis. Il s'agit en effet de convaincre les frères mineurs de revoir leur structure institutionnelle en séparant les couvents franciscains de Florence de ceux du reste de la Toscane. Le but est, évidemment, de pouvoir exercer sur les frères un contrôle plus direct. Cette mission n'est pas d'une grande importance, et le séjour de Machiavel à Carpi est bref : arrivé le 16 mai, il repart le 20. Elle est pourtant digne d'intérêt, en raison des lettres que nous conservons, échangées par Machiavel et Francesco Guicciardini, qui nous donnent à voir très largement le caractère amical et plaisant, facétieux même, de leur conversation.

Francesco Guicciardini – ou Guichardin – appartient à une vieille famille de lettrés favorables aux Médicis. Il occupe différents offices dès le gouvernement de Soderini, puis il entre au service de Léon X : en 1521, il est alors gouverneur de Modène et de Reggio pour le compte du pape. Sensiblement plus jeune que Machiavel (au moment de cette mission chez les franciscains, il a 38 ans, et Machiavel tout juste 52), il a pour son aîné à la fois de l'amitié et de l'admiration. Il a lui aussi à son actif une œuvre significative, tant politique qu'historique, avec ses *Histoires florentines* traitant des événements de la cité qui se déroulèrent entre 1378 et 1509, ainsi qu'un recueil de pensées politiques enrichi progressivement depuis 1512, et qui sera plus tard publié sous le titre de *Ricordi*. Guichardin est encore l'auteur d'une proposition de réforme du gouvernement florentin, contemporaine du *Discours sur les choses de Florence après la mort de Laurent de Médicis* de Machiavel : ce *Dialogue sur le régime de Florence* auquel travaille Guichardin en 1521 s'avère très influencé par Machiavel – on y trouvera par ailleurs pour la première fois la formule de « raison d'État » que Machiavel lui-même n'a jamais utilisée, mais qui doit évidemment beaucoup à ses idées (Guichardin parle plus précisément de « la raison et l'usage des états »).

Les deux hommes s'écrivent, donc, et ironisent sur cette mission d'un intérêt tout relatif à Carpi, d'autant que l'élection du ministre général traîne en longueur, empêchant Machiavel de présenter la requête florentine. Les échanges sont fleuris – la première lettre de Machiavel, le 17 mai, s'ouvre ainsi sur : « J'étais *sul cesso* [on dirait : "aux chiottes"] quand ton messager est arrivé. » Ce n'est pas tout : il propose à Guichardin de l'aider à tromper son ennui en jouant un tour à son logeur, un certain Sigismondo Santi. Qu'il lui envoie chaque jour un homme d'armes comme messager exprès, afin qu'il paraisse lui porter des nouvelles urgentes, et pour faire croire que lui, Machiavel, est engagé dans quelque affaire de la plus haute importance : nul doute que *messer Gismondo* s'y laissera prendre. Guichardin se prend au jeu et envoie le messager demandé le 18 mai, en le chargeant de dépêches venues de Zurich. « Entre l'ambassade du porteur et le gros paquet de lettres, il n'y a pas un homme dans cette maison et ce quartier qui n'ait été inspiré », annonce Machiavel en réponse. Le logeur montre pourtant encore quelque méfiance, et le lendemain, 19 mai, après l'arrivée d'un nouveau messager, Machiavel annonce que la plaisanterie a assez duré. « *Cazzus !* » Le courrier débute sur un juron obscène… « Il faut aller doucement avec celui-là, parce qu'il est malin comme les trente mille diables » : Sigismondo Santi a compris qu'on le raillait, et se montre peut-être un peu menaçant, car Machiavel continue à se moquer de lui en prétendant trembler de crainte : « Mon cul fait flop flop, et j'ai bien peur qu'il attrape un balai et me renvoie à l'auberge. » Cela tombe à point nommé : il annonce dans cette même lettre avoir pu présenter la demande pour laquelle il est à Carpi, et espère achever sa mission le lendemain. Ainsi se termine cette brève et quelque peu cocasse mission dans la « république des sabots », ainsi qu'il la surnomme – *repubblica de' zoccoli*, les franciscains italiens étant souvent désignés, en raison de leurs chaussures grossières, sabots, socques ou sandales à la semelle de bois, *zoccolanti*, ou, en français, « soccolants ».

L'amitié révélée dans ces lettres se consolide à peine la mission à Carpi terminée. Machiavel accepte sur le chemin du retour l'invitation formulée par Guichardin à le rejoindre à Modène. C'est de là qu'il rend compte au cardinal de Médicis et aux Huit des résultats de sa mission, dans une lettre où il relate l'incapacité des franciscains et de leur ministre général élu, Paolo da Soncino, de se prononcer sur l'affaire de la séparation des couvents de Florence. Les frères attendent de nouvelles lettres de la Seigneurie, et il faudrait, dit Machiavel, leur écrire avant la fin du chapitre. Quant à lui-même, il se dit touché par quelque « indisposition » en raison de la route, et retenu. Il passe en réalité quelques jours auprès de Guichardin et, si l'on ne sait rien de plus sur ce séjour, jusqu'au bout, du moins, Machiavel aura réussi à faire de cette mission une farce digne de sa fantaisie.

Incertitudes florentines

Bien qu'aux antipodes des années passées par Machiavel à la chancellerie, le contexte florentin n'en reste pas moins empreint d'incertitudes. Comme toujours, les équilibres entre les puissances déterminent les enjeux à l'échelle du continent et de la péninsule italienne. Après l'avènement de François Ier en 1515, et la succession espagnole qui voit Charles de Habsbourg accéder au trône d'Aragon et de Castille en 1516, voici que survient la mort de l'empereur Maximilien en 1519, laissant le trône impérial vacant, et les deux monarques candidats à l'élection. Cette rivalité aboutit au choix du Habsbourg, que l'on appellera désormais Charles Quint, sacré empereur à Aix-la-Chapelle le 23 octobre 1520. Le face-à-face entre les deux hommes se joue, désormais, sur les terres italiennes, la France ayant toujours le contrôle de Milan (après en avoir évincé Maximilien Sforza en 1515), François Ier prétendant lui-même au titre de duc, Valentine Visconti étant son arrière-grand-mère. De premiers affrontements se déroulent au cours de l'année 1521, qui voient bientôt la France perdre, définitivement cette fois, toute emprise sur le Milanais, où Francesco Sforza devient duc, porté à la fois par les troupes impériales et pontificales, menées par Prospero Colonna (celui-là même qui avait cherché quelques mois plus tôt à s'attacher les services de Machiavel).

C'est dans ce contexte favorable à Charles Quint et à ses alliés que meurt Léon X, le 1er décembre 1521. Avec la disparition du dernier des trois fils de Laurent le Magnifique, et alors que la descendance légitime ou illégitime de ceux-ci n'est pas en âge de gouverner, le clan doit s'en remettre au cardinal Jules, qui administre la République depuis son archevêché. À Rome, le nouveau pape, Adrien VI, est flamand, et les intérêts florentins se trouvent en fait divisés entre les ambitions divergentes de deux cardinaux, Jules de Médicis et Francesco Soderini. Or, celui-ci et son frère Piero continuent de manœuvrer dans la coulisse pour faire tomber les Médicis et faire valoir leurs propres prétentions sur la Seigneurie. Comptant sur le soutien des Français, ils lancent au printemps 1522 le condottiere Renzo da Ceri sur Sienne, première étape d'une expédition toscane. Surtout, ils inspirent directement une conjuration qui vise à assassiner le cardinal de Médicis, le 19 juin 1522. Elle est menée par des amis proches de Machiavel, des membres du cercle des *Orti Oricellari*, auxquels il a d'ailleurs dédié certains de ses textes : Zanobi Buondelmonti et Luigi Alamanni, en premier lieu. On se souvient qu'en 1513 on avait soupçonné Machiavel d'être associé à une conjuration, ce qui avait mené à son arrestation. Doit-il une nouvelle fois craindre pour lui-même ? Rien ne permet de le croire : Machiavel n'a d'ailleurs jamais caché sa piètre opinion quant à ce type d'entreprises, qu'il considère vouées à l'échec, comme il le montre dans les *Discours* (III, 6), puisque presque toujours elles sont « découvertes et étouffées au tout début ». Les conjurés des *Orti* auraient pu retenir ce propos de leur ami : leurs plans sont en effet dévoilés avant d'être accomplis, et si Buondelmonti et Alamanni parviennent à fuir, leurs complices ont moins de chance et sont exécutés le 6 juin. Ce complot sonne aussi le glas des réunions aux *Orti Oricellari*, qui cessent définitivement en 1523.

Machiavel pense-t-il à cet événement, lorsqu'il écrit sur les conjurations ces quelques mots, dans les *Histoires florentines* ? « Presque toujours le prince d'une cité, assailli par des conjurations [...] s'élève à une plus grande puissance. » De fait, pour les commanditaires, les frères Soderini, l'échec est total, aussi bien sur le champ de bataille que dans les coulisses de la Seigneurie. À Rome, le cardinal Francesco est emprisonné au château Saint-Ange, ses contacts avec la France ayant été dévoilés. Piero, lui, meurt de causes naturelles dans les jours qui suivent la conjuration ratée. On attribue à Machiavel une épigramme, qui laisse entrevoir quelle opinion a désormais son ancien secrétaire à l'égard du gonfalonier exilé : « La nuit où mourut Piero Soderini, son âme alla à la bouche de l'enfer, et Pluton lui cria : "Âme stupide, quel enfer ? Va aux Limbes avec les enfants". » Jadis gonfalonier à vie, déchu sans avoir vu venir sa chute, puis devenu conspirateur maladroit, Piero Soderini incarne l'absence de tout sens politique, de toute *virtù*, ce qui ne peut inspirer à l'auteur du *Prince* que mépris et dérision.

Quelques mois plus tard, après la mort d'Adrien VI le 14 septembre 1523, le cardinal Jules de Médicis parvient à se faire élire pape, sous le nom de Clément VII. Peut-être celui-ci avait-il de son côté retenu de Machiavel certaines leçons, si l'on considère le traitement qu'il réserve à Francesco Soderini : sorti de prison pour participer au conclave, l'ancien conjuré accepte pour prix de sa liberté de soutenir le Médicis. Quelques mois plus tard, il meurt à son tour, touché par la peste. Malchanceux autant que mal avisés, les Soderini n'inquiéteront plus les Médicis. Avec l'élection de Clément VII, le lien privilégié retrouvé entre Florence et Rome peut-il suffire à protéger la Seigneurie face aux bouleversements du monde ?

AGIR – ET ÉCRIRE – POUR LA PATRIE

« *Niccolò Machiavelli, historico, comico et tragico* » : ainsi Machiavel signe-t-il une lettre à Guichardin, en octobre 1525, non sans un certain sens de la dérision, selon ses habitudes. *Storico* (ou *historico*), c'est-à-dire historien : après cinq ans, Machiavel met en effet la dernière main aux *Histoires florentines*. Mais que veut-il dire par *comico*, et *tragico* ?

La vie, l'écriture

Comico : auteur comique. Nul doute que Machiavel fait référence à la tonalité badine des échanges avec Guichardin, mais le titre n'est pas usurpé, tant sa réputation grandit aussi pour sa production scénique. La *Mandragore*, déjà jouée au carnaval de 1520 à Florence, et peu après à Rome, est ensuite représentée à Venise, en février 1522. Elle y connaît un grand succès, même si le public nombreux est sans doute plus attiré par les intermèdes, assurés par le bouffon vénitien le plus célèbre de son temps, Zan Pòlo. Plusieurs éditions pirates de la *Mandragore* circulent d'ailleurs à la même époque, qui ne mentionnent même pas le nom de l'auteur. La pièce est ensuite reprise à Florence en 1524 par la compagnie de la Cazzuola qui, quelques mois plus tard, pour le carnaval de 1525, assure la représentation d'une nouvelle pièce de Machiavel : la *Clizia*. Le spectacle a lieu dans le jardin de Iacopo Falconetti, surnommé « il Fornaciaio », soit « le chaufournier », parce qu'il est propriétaire d'un four à briques et à mortier, activité d'où il retire sa fortune. C'est un *popolano grasso*, un temps aux Collèges de la Seigneurie avant d'en être provisoirement radié, et qui aime accueillir dans ses jardins des banquets pour une foule hétéroclite de nobles, d'artistes, dont Machiavel et sa maîtresse. Ce n'est plus la Riccia qu'il poursuit de ses assiduités, mais la chanteuse Barbera Salutati, relation bien connue, dont Machiavel s'ouvre à plusieurs reprises dans sa correspondance.

Inspiré librement d'une pièce de Plaute (la *Casina*), l'argument relate l'histoire d'une enfant, Clizia, enlevée à Naples par un soldat français de Charles VIII, et que ce dernier confie à la maison florentine qui l'avait accueillie, avant de mourir sur le champ de bataille. L'enfant devient la servante de Nicomaque, le maître de maison, et de sa famille. Les années passent, et l'homme, devenu vieillard, s'éprend de Clizia. Mais son fils, Cléandre, l'aime aussi. Pour coucher avec sa protégée, Nicomaque monte alors un stratagème prévoyant de lui faire épouser son valet Pirro, et de s'introduire lui-même dans le lit nuptial. Clairvoyante, la matriarche, Sofronia, tend alors à son époux un piège et travestit un serviteur qu'elle fait passer pour Clizia, dans une scène burlesque qui aboutit à la bastonnade du mari. Finalement, par un coup de théâtre est révélé que Clizia n'est pas orpheline, qu'elle est noble, permettant à Nicomaque et Sofronia de se mettre d'accord, et d'autoriser le mariage avec leur fils. Créée le 13 janvier 1525, la pièce est relevée d'intermèdes : des chansons du compositeur français vivant à Florence Philippe Verdelot, probablement interprétées par Barbera. Le succès de la pièce est connu grâce à la correspondance de Machiavel et aux félicitations amicales. On peut encore relever que le nœud de l'intrigue n'est pas sans évoquer la relation entre un Machiavel vieillissant (il a à ce moment 55 ans) et sa maîtresse, vraisemblablement bien plus jeune : là, et dans sa capacité permanente à se tourner soi-même en ridicule, se trouverait peut-être la clé du *tragico* de la signature à Guichardin ? À moins de considérer encore que l'histoire florentine, qui ne quitte plus son esprit, remplie qu'elle est d'épisodes sanglants, et que le présent même de sa patrie, tissé d'incertitudes, ne justifient ce qualificatif de *tragico*.

Il est possible qu'à la même époque Machiavel révise également sa traduction de l'*Andria* de Térence. Enfin, c'est sans doute en 1524 qu'il rédige le *Discours sur notre langue* (du moins si on en accepte l'attribution parfois discutée). Il défend dans ce texte l'usage de la langue florentine, livrant un plaidoyer passionné à la portée à la fois littéraire et politique, patriotique même. L'auteur s'y met même en scène dans un dialogue avec nul autre que Dante, qu'il accuse d'avoir nié la nature florentine de sa langue poétique.

Une *ordinanza* pour la Romagne ?

L'aventure française en Italie, portée successivement par Charles VIII, par Louis XII, puis par François Ier, connaît sa plus brutale défaite à Pavie, le 24 février 1525, un véritable désastre au cours duquel le roi de France est blessé, capturé par les troupes impériales, et transféré à Gênes puis en Espagne, où il est retenu prisonnier pendant plusieurs mois. Charles Quint paraît triompher, et en Italie la crainte se généralise alors d'une emprise impériale trop forte sur la péninsule, tenue en étau entre l'Empire et le royaume de Naples acquis à l'Espagne. Clément VII s'interroge lui aussi, et consulte à ce sujet.

Or, Machiavel est à Rome entre mai et juin 1525, pour présenter ses *Histoires florentines*, sa visite étant d'ailleurs suivie d'un paiement de 120 ducats. Mais ce n'est pas tout : Machiavel, qui n'hésite jamais à prendre position sur les enjeux les plus pressants, entretient le pape à propos de la constitution d'une *ordinanza* en Romagne. Le pape accepte qu'il se rende à Faenza pour présenter le projet à Guichardin, chargé de la province, dont il attend en retour l'avis. La longue lettre adressée par Guichardin au pape le 23 juin 1525, à la suite de son entretien avec Machiavel, laisse toutefois entrevoir un certain nombre de doutes quant à ce projet, même s'il ne le rejette pas en bloc. En particulier, il pointe le risque de voir les factions déchirer cette armée si elle était créée, et souligne l'absence d'attachement patriotique entre ses hommes et le pape. En somme, ce qui frappe, c'est que Guichardin formule à l'égard de cette idée d'*ordinanza* des objections proprement machiavéliennes. Machiavel envoie lui-même une lettre au pape (perdue depuis), et reste pendant plusieurs semaines auprès de Guichardin, avant de reprendre le chemin de Florence le 26 juillet, sans que le pape réponde, ne parvenant sans doute pas à trancher la question – finalement abandonnée faute de décision de Clément VII.

Les *Histoires florentines*

Cinq ans après en avoir reçu la commission, les *Histoires florentines* sont donc présentées en mai 1525 à Rome par Machiavel, à leur commanditaire Jules de Médicis, devenu Clément VII. On en sait peu sur le travail d'écriture proprement dit, si ce n'est à travers quelques allusions dans la correspondance avec ses amis Guichardin et Vettori. On sait par ailleurs que Machiavel défend une conception politique de l'histoire, mais les *Histoires florentines* procèdent encore d'une autre logique politique. En effet, les faits historiques rapportés ne le sont pas en premier lieu comme illustration de ses propres réflexions et conseils sur la pratique gouvernementale, comme cela pouvait être le cas dans les *Discours* ou dans *L'Art de la guerre*. Ils visent plutôt, d'une part, à lui conserver la faveur des Médicis, voire à l'accroître, et, d'autre part, à répondre à une commande officielle, c'est-à-dire à la commande d'une histoire officielle pour la Seigneurie et le régime médicéen restauré. Dans une lettre du 30 août 1524, envoyée à Guichardin depuis Sant'Andrea in Percussina, Machiavel confie d'ailleurs avoir quelques difficultés au sujet de « certains détails » pour lesquels il aurait « besoin d'entendre de [Guichardin] s['il] offense trop, soit en exaltant, soit en abaissant les choses » relatées. Cette tâche reste, avant tout, une mission d'historien officiel de la Seigneurie ; or, s'il croit pouvoir recevoir des conseils de Guichardin à ce moment, c'est sans doute que Machiavel bute sur certains épisodes, peut-être liés aux Médicis eux-mêmes. Dire la vérité, et une vérité susceptible de convenir à ses futurs lecteurs, et à son commanditaire : voilà ce qui semble le préoccuper. On retrouve d'ailleurs ce souci dans la dédicace de l'ouvrage à Clément VII, en forme de programme : « Je me suis donc efforcé, Très Saint et Bienheureux Père, dans mes descriptions, sans entacher la vérité, de satisfaire chacun. »

Les *Histoires florentines* comprennent un préambule et huit livres qui suivent la chronologie. Machiavel choisit en fait de remonter très loin, jusqu'au déclin de l'Empire romain, rappelant donc les origines antiques de sa ville, et enracinant l'histoire de Florence dans celle de toute la péninsule italienne. Ce n'est pas un choix anecdotique et si les *Histoires florentines* sont le livre le plus long de Machiavel et, on l'aura compris, celui où il s'autorise le moins à dispenser ses leçons ou à émettre jugements et sarcasmes, il n'en reste pas moins un ouvrage marqué par la singularité de son auteur. Certes, Machiavel recycle largement des annales et chroniques existantes – Flavio Biondo, Giovanni Villani, Leonardo Bruni, et encore Poggio Bracciolini, Marchionne di Coppo Stefani, Giovanni Cavalcanti, qu'il compile, sautant d'ailleurs de l'une à l'autre tout en modifiant parfois ce qui lui déplaît, ou ce qui lui paraît plus facile à raconter d'une autre manière pour servir son propos – ses *Histoires* trouveront des détracteurs dans le public soucieux de la précision des faits. Cependant, Machiavel semble tout de même donner corps dans son récit à certaines des idées déjà exprimées dans ses précédents textes, notamment celles qui concernent les questions intérieures, les divisions, les dissensions, les discordes entre factions, entre les « humeurs », ainsi qu'il les nommait déjà dans *Le Prince*. Aussi ne manque-t-il pas de relater les périodes de tension, de violence même, qu'a traversées la cité florentine, l'épisode des Ciompi notamment, au sein du livre III. Dans l'un des passages les plus célèbres, vivante illustration de ses idées sur la nature conflictuelle du rapport de force entre le peuple et ceux qui le gouvernent, il fait parler l'un des meneurs de la révolte au beau milieu du tumulte. « Nous devons chercher deux choses », lui fait-il dire : d'une part, « ne pas pouvoir être punis en raison des choses que nous avons faites », et, d'autre part, « pouvoir vivre avec plus de liberté et plus de satisfaction ». Alors, ce que propose le protagoniste aux ouvriers de la laine, afin de ne pas être châtiés pour leurs actes de rébellion, c'est « d'en faire de nouveaux, en redoublant les maux, et en multipliant les incendies et les vols, et de s'efforcer d'avoir en cela de nombreux compagnons », car, dit-il, « là où beaucoup d'hommes sont fautifs, personne n'est puni ». Comme il le dit à ses partisans, multiplier les violences permettra ainsi à la fois non seulement « de trouver le pardon », mais aussi d'ouvrir « la voie pour obtenir ces choses que nous désirons avoir pour notre liberté ». À travers la parole de l'insurgé et la mise en évidence de la pulsion violente de soulèvement chez le petit peuple abusé par le pouvoir, c'est un véritable mode d'emploi insurrectionnel qu'esquisse Machiavel.

Il ne tait d'ailleurs pas non plus la sévérité des Médicis et le caractère souvent personnel et autoritaire de leur gouvernement tout au long du Quattrocento. En revanche, le propos de Machiavel s'arrête à la mort de Laurent le Magnifique, en 1492, évitant ainsi les controverses sur les faits plus récents : la parenthèse Savonarole, la période républicaine, et la restauration médicéenne de 1512.

Amitié avec Guichardin et mission à Venise

Au retour de son séjour en Romagne avec Guichardin, Machiavel est très occupé, et ce n'est pas sans rapport avec le gouverneur de Romagne, qui confie à celui qui est désormais devenu son ami la surveillance de certains de ses intérêts à Florence, en son absence. En particulier, Guichardin a acquis récemment deux propriétés et, n'ayant pu s'y déplacer lui-même, c'est Machiavel qui en fait la visite, dont il communique à Guichardin le compte-rendu par une lettre, le 3 août 1525. Celle-ci a le mérite de la franchise. L'une des deux propriétés, à la Colombaia, est selon Machiavel un bon achat, qui pourrait s'avérer rentable, mais la seconde, à Finocchieto, lui apparaît dépourvue de tout intérêt: «À trois milles à la ronde on ne voit rien qui plaise, l'Arabie Pétrée n'est pas faite autrement». Machiavel compare cette acquisition au désert de la province romaine correspondant à l'actuelle Jordanie. Guichardin n'est pas en reste: il répond à Machiavel par une longue lettre de la part de «Madonna di Finocchieto» dans laquelle la propriété elle-même prend la parole, pour l'informer qu'on attend autre chose de «celle qui vit avec tous et n'aime aucun», et de «celles qui pleines de chastes pensées n'ont d'autre souci que de plaire seulement à celui auquel elles sont honnêtement et légitimement données». Madonna di Finocchieto réserve ses charmes à son propriétaire légitime, et ne compte pas parmi les femmes volages qui ont, comme on le comprend en creux, les faveurs de Machiavel.

Celui-ci, il est vrai, mène avec Barbera, au vu et au su de tout Florence, une double vie qui ne semble pas heurter les convenances – à la même époque lui naît d'ailleurs son dernier fils avec Marietta, prénommé Totto, en hommage au frère de Machiavel, mort en 1522. Mais ici Guichardin fait peut-être référence à une autre conquête de Machiavel, une certaine Mariscotta dont il est déjà question dans une lettre de son ami datée du 29 juillet. Machiavel l'aurait fréquentée pendant le mois passé à Faenza. Tout cela n'empêche d'ailleurs pas Guichardin de demander à son ami un autre service encore plus personnel : trouver un bon parti pour ses filles, et fixer le juste montant pour leur dot. Machiavel est donc véritablement chargé de marier les filles de Guichardin, du moins deux d'entre elles – il en a sept. L'entremetteur de circonstance assure d'ailleurs dans une lettre du 17 août suivant s'être démené pour faire avancer l'affaire. Dans cette lettre, on apprend d'ailleurs aussi que Guichardin envisage de faire représenter la *Mandragore* à Faenza, pour le carnaval suivant.

Machiavel informe enfin Guichardin dans la même lettre qu'il doit bientôt partir pour Venise : le 19 août 1525, il quitte effectivement Florence, sur une commission des consuls de l'Art de la laine et des provéditeurs du Levant, chargés de la diplomatie à l'est (en Romagne, mais aussi à Venise). Il est chargé de négocier auprès du régime vénitien une indemnité, après qu'un navire marchand florentin a été rançonné par un capitaine de la Sérénissime. Cette affaire apparemment insignifiante porte toutefois sur une somme importante de 1 500 ducats extorqués aux ressortissants florentins, voire 2 000 ducats, montant réclamé par Machiavel, qui s'entretient avec le doge Andrea Gritti. Il rencontre aussi le nonce pontifical et l'évêque de Venise, le pape soutenant naturellement la plainte, avant de repartir pour Florence le 16 septembre. Après enquête, l'affaire est conclue par une condamnation du capitaine accusé, qui ne doit toutefois restituer que 200 ducats, soit parce que Venise a dans cette affaire favorisé son citoyen, soit peut-être parce que les marchands florentins ont essayé d'obtenir plus que ce qui leur avait été pris.

De retour de Venise, à l'automne 1525, Machiavel échange avec Guichardin, qui lui pose quantité de questions sur la *Mandragore*, craignant surtout que la langue typique de Florence et l'usage abondant d'expressions et proverbes idiomatiques par Machiavel rendent difficile pour le public de Faenza d'apprécier l'humour de la pièce. Machiavel accepte d'opérer quelques révisions, et décide d'ajouter des *intermezzi* musicaux comme il l'a fait pour la *Clizia* (il en reprend d'ailleurs certains, inchangés). Pour les préparatifs, Guichardin évoque aussi la venue de la Barbera, qui chanterait donc à Faenza pour cette représentation de la *Mandragore*. Mais, début 1526, Guichardin est rappelé à Rome par le pape en raison des inquiétudes accrues face à la menace impériale. C'est que l'on vient d'apprendre la signature du traité de Madrid, en janvier 1526, entre la France et l'Empire, qui met fin à la captivité de François Ier. L'humiliation est profonde, et la victoire de Charles Quint, totale : pour recouvrer la liberté, le roi de France doit abandonner toute prétention sur l'Italie, mais aussi sur les Flandres et l'Artois, et même la Bourgogne – dont les états réunis l'année suivante refusent toutefois de passer sous la suzeraineté du Habsbourg.

La conséquence lointaine de cette situation est donc que la *Mandragore* n'est pas montrée à Faenza (du moins, si elle l'est, on n'en a pas de trace, et il est certain que ni Guichardin ni Machiavel n'y assiste). Elle est en revanche jouée à Venise, lors du carnaval, en février 1526, à deux reprises. Un homme d'affaires florentin installé sur place, Giovanni Manetti, admirateur rencontré par Machiavel lors de son séjour vénitien l'année précédente, lui rapporte d'ailleurs dans une lettre du 28 février l'excellente qualité du jeu des acteurs, et la réussite de la représentation. La réputation du Machiavel comique est faite – celle du Machiavel tragique peut-être également, contre toute attente : dans son *Exhortation à la pénitence*, œuvre de commande tardive, il déploie un étonnant discours sur le thème chrétien du repentir et de la miséricorde divine, qui lui ressemble peu mais n'a pourtant en rien le ton d'une plaisanterie : « Par l'ingratitude qu'il manifeste envers Dieu, d'ange, l'homme devient diable, de maître esclave, d'homme bête».

JUSQU'AU BOUT, LA GUERRE

Les préoccupations politiques et militaires prennent une nouvelle fois le dessus – puisque « toujours la Fortune, avec sa furieuse impétuosité, va de çà de là et transforme les choses du monde». Le traité de Madrid signé, François Ier libéré, le roi de France ne peut évidemment rester sur une humiliation et s'apprête donc à violer l'engagement tout juste pris, en formant une nouvelle alliance pour reprendre le chemin de l'Italie. La ligue de Cognac est conclue au printemps 1526 et réunit la France, le pape, mais aussi le roi d'Angleterre Henri VIII, le duc de Milan Francesco Sforza (qui se retourne donc contre l'empereur), Venise, et enfin, bien entendu, Florence.

Préparatifs et nomination

La guerre imminente rattrape aussi Machiavel : sa compétence de théoricien justifie que le pape, par l'intermédiaire de Guichardin, le mobilise rapidement pour superviser les défenses florentines, en compagnie du condottiere espagnol Pedro Navarro, dépêché sur place. Machiavel établit un rapport sur les améliorations à apporter d'urgence aux fortifications, et il est appelé à Rome par Clément VII, où il reste l'essentiel du mois d'avril 1526, avant de repartir pour Florence le 26 ou le 27. À Guichardin, Machiavel confie quelques semaines plus tard être reparti « la tête si pleine de remparts que rien d'autre ne pourrait y rentrer » : le pape l'a en effet chargé de superviser ces travaux urgents, et pour cela, il a même accepté de créer une nouvelle magistrature proposée par Machiavel, les « procurateurs des fortifications », dont il est nommé lui-même provéditeur et chancelier, épaulé par son fils Bernardo. Enfin, un office à la Seigneurie, un titre, et de l'action !

On retrouve le Machiavel inépuisable de ses années à la chancellerie, et les échanges avec Guichardin sont très fournis : jusqu'à trois lettres dans la même journée, le 2 juin ! Les tâches officielles y sont traitées sur un ton qui fait parfois place à la familiarité, sans cesser d'être inflexible. Le destin de Florence et de l'Italie est en jeu, ce qui réveille les élans et exhortations patriotiques chez Machiavel, qui reformule sur le registre de l'urgence certains de ses principes les mieux ancrés. Craignant que l'empereur n'essaie de négocier avec le pape, Machiavel recommande la plus grande fermeté : ces offres « devraient trouver vos oreilles bouchées », dit-il à Guichardin le 17 mai, ajoutant plus sérieusement : « Vous savez combien d'occasions ont été perdues : ne perdez pas celle-ci et ne restez plus à attendre, en vous en remettant à la Fortune et au temps, parce qu'avec le temps ne viennent pas toujours les mêmes choses, et la Fortune n'est pas non plus toujours la même. » *Liberate diuturna cura Italiam*, poursuit-il en latin : « Libérez l'Italie de ces soucis tenaces, extirpez ces bêtes monstrueuses, qui n'ont rien d'humain, sinon le visage et la voix. »

Combats au nord

La guerre commence dès la fin mai 1526, avant même que les forces françaises n'arrivent sur place : Venise lance ses hommes derrière le duc d'Urbino, avec ceux du pape, Clément VII se reposant sur Guichardin, lieutenant général, et sur les *condottieri* Guido Rangoni et Jean de Médicis (ce dernier, issu d'une branche cadette des Médicis et surnommé Jean des Bandes Noires, est le père du futur grand-duc Côme Ier). Pour

Florence, les troupes sont menées par Vitello Vitelli – tandis que Guichardin est le chef suprême des forces italiennes. On sait que Machiavel était présent aux côtés de Guichardin et qu'il suit ses déplacements avec les troupes du pape et de Florence de juillet à fin octobre 1526. Ses mouvements avec les forces armées peuvent être suivis grâce à sa correspondance. Il semble que cette présence ne soit pas liée à une quelconque commission officielle, mais qu'elle résulte seulement de son amitié avec Guichardin, qui a pu demander à Machiavel de l'aider pour l'organisation des troupes, sans qu'on en ait néanmoins la preuve écrite.

Le premier mouvement de la coalition se fait en direction de Milan, où le duc Francesco Sforza est assiégé par les impériaux. Après un premier assaut, début juillet, les Vénitiens rebroussent chemin pour attendre des renforts français. L'armée se regroupe à Marignan, dans une posture attentiste que déplore Machiavel, dans une lettre à Bartolomeo Cavalcanti, le 13 juillet. Il ne perd pourtant pas confiance : « Il n'est pas possible que cette guerre ne soit pas gagnée », annonce-t-il, et si les renforts arrivent au plus tôt, « cette guerre sera finie en deux jours ». Il serait même préférable de prendre son temps, pense-t-il : « Il ne faut pas vouloir gagner trop tôt, pour qu'il ne nous arrive pas la même chose qu'à ces courageux commerçants qui, voulant s'enrichir en un an, s'appauvrissent en six mois. » Il faut en somme être organisé, patient, résolu, plutôt que de dilapider les moyens de la ligue sans s'assurer une victoire totale.

Cette période à Marignan est l'occasion d'une anecdote rapportée par Matteo Bandello dans ses *Nouvelles*. Jean des Bandes Noires, las d'entendre le Secrétaire lui tenir tête sur l'organisation des troupes, l'aurait ainsi mis au défi d'ordonner 3 000 soldats selon les principes de *L'Art de la guerre*. Face aux fantassins, Machiavel aurait donc passé deux bonnes heures à ordonner, crier, jurer, sans parvenir à rien, jusqu'à ce que Jean, grand seigneur, fasse opérer la manœuvre en quelques coups de tambourin. L'histoire a de grandes chances d'être apocryphe, mais peut-être dit-elle quelque chose des rapports entre Machiavel, le conseiller militaire, historien, auteur de traités, et les véritables commandants : s'il a retiré la matière de ses traités politiques de sa propre pratique, on ne peut évidemment pas en dire autant des affaires militaires. Par comparaison à un condottiere tel que Jean de Médicis, et en dépit de son rôle reconnu lors de la victoire de Florence contre Pise, Machiavel n'a jamais été qu'un théoricien, en retrait du champ de bataille et du heurt des armes.

Le 24 juillet 1526, Milan tombe aux mains des troupes impériales, l'armée de la ligue étant restée à deux milles, sans oser s'interposer. Dans le même temps, à Sienne, une troupe envoyée par Florence et le pape est mise en déroute par une armée recrutée parmi les hommes de la République – les « armes propres » de Sienne tiennent donc tête aux *condottieri* du pape. Les Vénitiens se portent à Crémone, qu'ils assiègent : envoyé sur place le 9 septembre, Machiavel constate la lenteur des opérations, mais rapporte à Guichardin que la ville finira par tomber, ce qui survient le 23 septembre. Entre-temps, cependant, à Rome, les Colonna, alliés de Charles Quint, prennent d'assaut par surprise Saint-Pierre le soir du 19 septembre, et forcent le pape à se réfugier au château Saint-Ange pendant qu'ils mettent la ville à sac. Alors, Clément VII accepte de signer une trêve de quatre mois, contre la promesse de retirer son armée de la rive droite du Pô, et donc d'abandonner toute prétention en direction de la Lombardie. Quelques jours plus tard, l'engagement est tenu, et les troupes pontificales se regroupent à Piacenza. Vers le 6 octobre, Machiavel dresse pour l'ami Cavalcanti, depuis le camp, un bilan désabusé : il déplore le manque de résolution de l'alliance depuis juillet, et la fébrilité du pape, qui n'a pas pourvu suffisamment aux deniers, et qui est imprudemment resté à Rome, « de telle manière qu'il aurait pu être attrapé comme un enfant ». Il n'y a donc plus qu'à espérer mieux au sud qu'au nord, mais Machiavel paraît beaucoup moins optimiste désormais. Craignant qu'une nouvelle fois l'aide de Dieu ne se dérobe, il invoque Junon et Éole, les divinités païennes pouvant encore, peut-être, aider la ligue à ruiner la flotte espagnole.

À Florence

C'est peu après que Machiavel rentre à Florence, espérant maintenant pouvoir accompagner les troupes vers le sud. Il en fait la demande au pape et, dans l'attente d'un assentiment, il reste pleinement occupé par sa correspondance. Dans ses échanges avec Guichardin et Filippo de' Nerli, on trouve ainsi trace d'une dispute entre Machiavel et le commissaire de Borgo San Donnino, un certain Filicciafo, que le Florentin aurait vexé en ne l'appelant pas selon son titre. S'étant plaint à Guichardin, Filicciafo se fait admonester par le lieutenant général, suscitant les rires de Machiavel et de ses correspondants, comme Filippo de' Nerli, auquel il adresse aussi de piquantes et amicales moqueries dans une lettre du 5 novembre.

Hélas, de retour à Florence, Machiavel découvre que le pape, ayant d'abord consenti à sa commission, l'a annulée dans l'intervalle en le voyant tarder. Alors, il reprend la supervision des fortifications, poursuit ses échanges. Dans le même temps, les désaccords tactiques s'aggravent au sein de la ligue, ravivant les divergences entre ses composantes. Le duc d'Urbino, Francesco Della Rovere, rival ancien des Médicis, persiste à éviter l'affrontement avec les impériaux. Cependant, les circonstances se précipitent. Le 25 novembre, un assaut adverse sur le Pô fait tomber la défense italienne, et blesse mortellement Jean des Bandes Noires. Le 30, Machiavel est dépêché par les Huit de Pratique auprès de Guichardin, à Modène. Arrivé le 2 décembre, ses lettres rendent compte de la déroute et de la menace, avant son retour le 5 décembre. Ce sont des troupes allemandes qui déferlent, doublant la menace impériale d'une fureur religieuse, puisque Charles Quint envoie d'Allemagne des lansquenets luthériens qui n'attendent que de pouvoir déchaîner la colère divine contre les catholiques idolâtres qui leur font face. Les défenses italiennes craquent.

Au bord du précipice

La situation militaire se dégrade donc, et les troupes impériales descendues d'Allemagne menacent maintenant directement les cités italiennes, et Florence en premier lieu. C'est finalement le 3 février 1527 que Machiavel repart vers les troupes, sur commission des Huit auprès de Guichardin, stationné à Parme. Après un trajet compliqué par la présence de troupes ennemies, il y parvient le 7 février, et commence à rendre compte par ses lettres de la situation, et des mouvements adverses, tout comme des erreurs alliées, et de la déloyauté du duc d'Urbino. Les impériaux prendront-ils la direction de la Toscane, pour s'en prendre à Florence, ou, plus à l'est, fondront-ils sur la Romagne ? Pendant trois mois, Machiavel reste avec le camp, en le suivant de Parme à Bologne, sous les intempéries, dans l'eau, la neige. Le 2 avril, il est à Imola, où il prépare la venue des troupes, qui tentent de devancer les avancées ennemies : il écrit aux Huit, en ayant appris que le connétable de Bourbon, commandant de l'armée impériale, tente d'extorquer des sommes extraordinaires pour préserver Florence. Il considère qu'un tel accord ne serait de toute façon pas respecté par l'ennemi : si de tels moyens devaient être engagés, il paraît donc clair à Machiavel qu'il vaudrait mieux les utiliser pour recruter des soldats.

Le même jour, il adresse aussi une lettre à Guido, son fils, qui doit à cette époque avoir 14 ans tout au plus et vient de lui écrire qu'il va mieux, après avoir été souffrant. Lui racontant sa dernière rencontre amicale avec le cardinal Cibo, Machiavel l'encourage : « Puisque tu n'as plus l'excuse de la maladie, travaille dur à apprendre les lettres et la musique, car tu vois combien d'honneur me procurent mes faibles qualités. » Suivent quelques conseils étonnants concernant un mulet devenu fou à la ferme de Sant'Andrea : « Il faut le traiter à l'inverse des autres fous », dit-il à son fils. « Je veux que tu le délies [...] et le laisse aller où il veut pour gagner sa vie et pour faire passer sa folie. » Instruction sincère, ou volonté d'édification ? On perçoit du moins quelle sorte de père était Machiavel, inconstant, et souvent absent, mais aussi fantasque autant que généreux dans son affection. Il a du reste quelques mots pour toute la famille : « Salue mona Marietta, et dis-lui que je suis jour après jour sur le point de partir [...] Embrasse la Baccina, Piero et Totto, s'il est là, et j'aurais voulu vivement savoir si ses yeux sont guéris. Vivez heureux, et dépensez le moins possible. » Outre la réflexion sur Totto, dont Machiavel doute peut-être qu'il soit toujours en vie en l'ayant quitté malade, on notera cette invitation permanente à ne pas faire de dépenses, dans cette lettre aux allures de « testament affectif », selon Jean-Louis Fournel et Jean-Claude Zancarini. On a par ailleurs, datée du 17 avril, la réponse touchante de Guido, qui rassure son père quant à Totto, et lui parle aussi de ses propres progrès en grammaire, lui promettant de lui réciter tout le premier livre des *Métamorphoses* d'Ovide à son retour.

Machiavel continue à rendre compte aux Huit depuis Forlì, son étape suivante. « Les choses », dit-il le 11 avril, « en sont au point où il y a besoin soit de refabriquer la guerre ou de conclure la paix », mais, dans ce cas, en s'assurant qu'elle soit durable, et équitable, comme il le répète encore le 13 avril. Les jours suivants, il écrit trois fois à Vettori. Après une première lettre le 14 avril, il écrit le 16, toujours de Forlì. Le ton est urgent, tourmenté autant qu'exalté par les événements : « J'aime messer Francesco Guicciardini, j'aime ma patrie plus que mon âme, et je vous dis d'après l'expérience que m'ont donnée soixante années, que je ne crois pas qu'on ait jamais enduré d'instants plus difficiles que ceux-ci. » Aussi pressant que péremptoire, le propos argue du vécu de son auteur, au point que Machiavel arrondit son âge à 60 ans, quand il n'en a que 58.

« J'aime ma patrie plus que mon âme » : il y a un doute sur ces mots, le dernier ayant été gratté sur la source manuscrite, mais la même expression apparaissait déjà dans les *Histoires florentines* et a peut-être un caractère proverbial. Il est vrai que Machiavel n'aime rien tant que sa patrie, et il affectionne ce mot, dont il doit d'ailleurs l'usage et la signification autant aux Pères chrétiens qu'aux sources anciennes. Lorsqu'il compare sa patrie à son âme, c'est aussi pour souligner la dimension sacrée de cette patrie, de Florence, pour lui, qui y est né, et la sert depuis toujours. Cette patrie, c'est elle qu'il faut aujourd'hui sauver. Or, personne ne le peut, sinon ses propres enfants. Machiavel l'affirmait déjà dans le prologue de *L'Art de la guerre* : « De quel homme la patrie doit-elle rechercher la plus grande fidélité, sinon chez celui qui a promis de mourir pour elle ? » Seuls des citoyens-soldats, parmi lesquels Machiavel se compte d'une certaine manière malgré son âge, peuvent répondre au défi posé : « La paix est nécessaire et la guerre ne peut être abandonnée, alors que nous avons affaire à un prince qui peut à grand-peine pourvoir à la paix seule, ou à la guerre seule. » Celui qu'il vise, c'est évidemment Clément VII, le pape, qui ne parvient pas à agir en prince alors que les circonstances l'exigent. Machiavel écrit encore le 18 avril 1527 de Brisighella, où se trouve le camp, pestant contre Guido Rangoni, et contre le duc d'Urbino, leurs atermoiements face au combat, autant que la réticence propre aux militaires de métier à accepter d'y mettre fin : « Ceux qui aiment la guerre, comme ces soldats, seraient fous de vanter la paix. Mais Dieu fera qu'ils auront à faire la guerre plus que nous ne le souhaitons. »

Sac de Rome et mort

L'armée est donc à Brisighella, où se trouve Machiavel, avec Guichardin. Massée là, et en d'autres points encore, elle protège la Toscane, et Florence. Dans la lettre envoyée à son père le 17 avril 1527, Guido lui demande d'ailleurs de l'informer, car il faut faire porter en ville ou à San Casciano les biens et les provisions de la villa de Sant'Andrea, qui par son isolement serait une cible facile pour une troupe étrangère. Maintenant, il ne reste plus qu'à attendre l'assaut ennemi, et pour cela, le 22 avril, Machiavel revient à Florence, avec les siens. La présence d'autant de soldats dans la région crée d'ailleurs quelques désordres et, le 26 avril, le bruit court même que les Médicis ont quitté la ville, créant aussitôt une émeute, et même un début d'insurrection. Ce « tumulte du vendredi », ainsi qu'il est surnommé, ne dure que quelques heures avant que tout ne rentre dans l'ordre, mais il est comme le premier acte de la tragédie qui s'annonce.

Pendant ce temps, la troupe impériale menée par le connétable de Bourbon préfère contourner Florence, et éviter la rencontre avec les troupes stationnées en Toscane, et si bien préparées à l'assaut. L'ennemi bifurque au sud, en toute hâte, pour se diriger vers Rome. Alors, les troupes de la ligue quittent leurs positions pour se diriger elles aussi vers le sud, et Machiavel aussi prend la route avec Guichardin. Cependant, le 4 mai au soir, les impériaux parviennent à Rome, dépourvue ou presque de défenseurs. Le 5, Bourbon prépare l'assaut, le 6, la bataille a lieu. Le connétable est tué, mais les troupes prennent la ville. Le pape réfugié au château Saint-Ange assiste impuissant au sac de Rome par les lansquenets allemands, qui se déchaînent contre la population : viols, massacres, profanations, incendies endeuilleront la Ville éternelle pendant de nombreuses années…

La nouvelle en parvient le 11 mai à Florence. Le 16, la Seigneurie décide le rétablissement du Grand

Conseil, sans chasser formellement les Médicis, mais ceux-ci, se sentant menacés, s'enfuient d'eux-mêmes ce 17 mai 1527. Machiavel pendant ce temps est toujours avec l'armée et Guichardin. Le 19 mai, à Bracciano, ils apprennent le renversement. Guichardin laisse Machiavel rentrer à Florence, en même temps qu'il demande congé aux Huit, pour lui-même. De Civitavecchia, sur la côte, au nord de Rome, Machiavel embarque le 22 mai jusqu'à Livourne, d'où il rejoint Florence, retrouvant sa ville quelques jours plus tard. Moins d'un mois s'écoule avant sa mort.

Dans les nouveaux bouleversements que connaît la Seigneurie, on ne sait pas exactement ce que fait Machiavel. On ne sait pas s'il est déjà malade, alité peut-être, ou s'il se bat encore pour retrouver une place auprès des institutions restaurées de la République. Son nom est certes présenté à l'élection pour le poste de secrétaire des Dix, fonction dont on se souvient qu'il l'avait jadis occupée en tant que second chancelier. La candidature est encouragée par ses amis Zanobi Buondelmonti et Luigi Alamanni, mais sans succès – déjà titulaire du poste, Francesco Tarugi est maintenu à ses fonctions le 10 juin.

Machiavel meurt le 21 juin 1527. « Je ne peux que pleurer en te disant que notre père, Niccolò, est mort », rapporte le 22 son fils Piero à un oncle, Francesco Nelli, juriste vivant à Pise. Cela, à la suite « de douleurs à l'estomac causées par le médicament qu'il avait pris le 20 ». On n'en saura pas plus sur la cause de cette mort (probablement une quelconque infection), ni sur le remède qui a peut-être aggravé le mal. Piero précise également que son père s'est confessé auprès d'un moine, frère Matteo, qui a accompagné ses derniers instants. Ce même 22 juin 1527, Machiavel est enterré au cimetière de Santa Croce.

CONCLUSION

Machiavel posthume

« Puisque tu ne peux changer ta personne, ni quitter l'ordre que le ciel te donne, au milieu du chemin, [la Fortune] t'abandonne ». Machiavel ne connaîtra pas les soubresauts d'une république dont il a participé à forger l'esprit, ni le rétablissement des Médicis par l'armée impériale en 1532, ni la création du duché taillé pour eux par Charles Quint. Il ne verra pas non plus ses œuvres imprimées, l'une après l'autre (outre celles qui, comme la première *Décennale* et *L'Art de la guerre*, avaient déjà fait l'objet d'éditions).

UNE ŒUVRE-CONTINENT

En 1531, Clément VII octroie à l'éditeur Antonio Blado un privilège autorisant l'édition des œuvres de Machiavel. Ainsi paraissent les *Discours sur la première décade de Tite-Live* en octobre 1531, édition bientôt concurrencée par une autre, chez Giunti, à Florence, en novembre. De même paraissent en 1532, à la fois à Rome et à Florence, d'une part *Le Prince* (auquel s'ajoutent dans un même volume la *Vie de Castruccio Castracani* et quelques textes issus de ses légations), et d'autre part les *Histoires florentines*. Viennent aussi les traductions. Pour ne prendre que *Le Prince*, déjà un grossier plagiat en latin circule depuis 1523, édité à Naples : le *De regnandi peritia* (*De l'expérience de régner*) signé par l'humaniste Agostino Nifo. *Le Prince* est ensuite traduit en français en 1546 (les premières éditions datent de 1553), et il apparaît au cours du XVIIe siècle en anglais, en allemand et en hollandais. Des traductions espagnoles circulent aussi de façon manuscrite à la même époque, et on peut mentionner jusqu'au sultan ottoman Murad IV qui en commande la traduction en turc (une sorte de résumé est réalisé pour lui). Aux XVIIIe et XIXe siècles, *Le Prince* est traduit en suédois, en arabe, en polonais, en russe. Aujourd'hui encore, il est considéré comme le livre italien le plus traduit au monde, avec *La Divine Comédie* de Dante et *Pinocchio* de Carlo Collodi.

L'Art de la guerre et les *Discours* n'en sont pas moins largement lus et cités également, contribuant à la réputation de leur auteur dans toute l'Europe moderne. S'il y a une « révolution Machiavel », elle se trouve d'abord là : quoique de façon posthume, celui-ci aura renouvelé le langage de la politique, la façon de la concevoir. Il y aura participé du moins, et son nom est le premier cité pour évoquer ce moment qui, sans doute, est plus large que sa seule contribution, et est lié par ailleurs à un contexte italien de guerres et de bouleversements, qui fait de la péninsule un véritable laboratoire politique. Mais ce n'est pas tout, car le nom de Machiavel est aussi empreint d'une valeur polémique sans équivalent.

L'HÉRITAGE DE L'ANTI-MACHIAVÉLISME

Il existe une anecdote, rapportée par diverses sources dans les années qui suivent la mort de Machiavel. Dans ses derniers jours, le Secrétaire aurait fait un rêve, qu'il aurait raconté à ses amis avant de mourir. La première apparition du récit, sous la plume de l'éditeur et auteur florentin Anton Francesco Doni, mentionne simplement un certain « messer Niccolò » qui aurait rêvé qu'il était déjà mort, et qu'un ange et un diable se disputaient son âme. Si l'ange admet que Machiavel mérite de finir en enfer, il obtient pourtant qu'ils fassent ensemble un détour par le paradis. Là cependant, Niccolò ne voit que des prêtres, des pauvres, des martyrs, des dames vertueuses, et il demande où sont les philosophes, et les empereurs, les capitaines, les poètes, les peintres, les musiciens… En enfer, bien sûr, l'informe-t-on. Alors Machiavel de rétorquer : « Laissez-moi donc partir, car je veux aller chez ces hommes de valeur, je ne veux pas rester au Paradis sans ces hommes de bien. » Le récit légendaire de cette vision permet du moins de saisir comment était perçu Machiavel par ses compatriotes à l'époque de sa mort, pour quelle sorte de personnage il passait auprès d'une certaine élite sociale et politique qui le connaissait. Mais la légende se trouve encore déformée dans les décennies suivantes, en Italie, puis en France où on la retrouve au XVIIe siècle sous la plume du jésuite Étienne Binet, présentant un Machiavel bien plus irrévérencieux à l'égard de la religion.

C'est un véritable Machiavel posthume qui naît en fait des lectures et relectures de son œuvre – voire des *non-lectures* qui, bien souvent, semblent avoir présidé aux interprétations. Déjà, autour de 1539, dans son *Apologie à Charles Quint* qu'il rédige probablement à la faveur d'un séjour français, le cardinal anglais Reginald Pole affirme que la décision d'Henri VIII de rompre avec Rome, et le processus de séparation fondant l'Église d'Angleterre entre 1531 et 1534, résulterait directement de la lecture par le roi du *Prince* de Machiavel, un livre écrit « par la main de Satan ». Cette critique se répand bientôt dans le catholicisme européen : en 1552, Ambroise Catharin, un Siennois, docteur en droit canon devenu moine dominicain au couvent San Marco de Florence, publie avec un grand retentissement un ouvrage intitulé *Des livres que doit détester le chrétien*. Il y réserve un chapitre à Machiavel, à ses *Discours*, et à son *Prince*, livres qu'il faut « exécrer », dit-il, notamment parce qu'ils feraient la promotion de l'usage de la religion comme instrument du pouvoir. À la même époque, l'*Index des livres interdits* est préparé par l'Inquisition romaine, et Machiavel figure parmi les auteurs prohibés dès la première édition de 1559. Il est aussi présent dans les éditions suivantes, et dans l'*Index* de l'Inquisition espagnole, supervisé par le cardinal Quiroga, en 1583.

Ce Machiavel sulfureux, diabolique même, est aussi, en grande partie, un Machiavel français, élaboré dans le contexte des guerres de Religion, à partir des années 1560, et surtout à la suite du massacre de la Saint-Barthélemy en 1572, au cours duquel des dizaines de milliers de huguenots sont décimés. Le nom de

Machiavel se trouve mêlé aux pamphlets critiquant le pouvoir, en particulier ceux de protestants qui voient, dans ce déchaînement de cruauté, la marque d'une manière cynique et cruelle de gouverner, dont Machiavel serait le concepteur, et qui aurait été importée en France par Catherine de Médicis et ses conseillers italiens – Catherine étant la mère des rois François II, Charles IX et Henri III sous lesquels le conflit religieux fait rage. Ainsi, le légiste huguenot Innocent Gentillet, exilé à Genève, y publie en 1576 son *Discours sur les moyens de bien gouverner, contre Machiavel Florentin*, également connu comme *Anti-Machiavel*, dans lequel il dénonce la doctrine suivie par les « machiavélistes ». « Machiavel n'a rien entendu », dit-il, « ou peu, en cette science politique dont nous parlons [...] il a pris des maximes toutes méchantes, et bâti sur celles-ci non une science politique mais tyrannique [...] D'expérience en maniement d'affaires, il n'en pouvait guère avoir, n'ayant rien vu de son temps que les brouillis de quelques potentats d'Italie [...] Je parle de cette façon d'un homme que je montrerai à l'œil avoir été rempli de toute méchanceté, impiété et ignorance. »

Récapitulons : dans un contexte de guerres religieuses, Machiavel est condamné aussi bien par les catholiques qui interdisent ses livres, et l'accusent parfois de promouvoir l'hérésie similairement aux réformateurs protestants, que par les huguenots qui voient en lui l'inspirateur des violences les plus inhumaines. Ainsi se forme donc l'image du Machiavel machiavélique, fruit d'un *anti-machiavélisme* disparate, où l'on peut faire entrer les auteurs les plus divers : Jean Bodin, l'auteur des *Six livres de la République* en 1576, traité où s'enracine la notion moderne de souveraineté absolue, aussi bien que l'auteur anonyme du *Vindiciae contra tyrannos* de 1579 (*Récriminations contre les tyrans*), ou l'humaniste flamand Juste Lipse, ou encore Giovanni Botero, consulteur de la Congrégation de l'Index qui, en 1589, rédige un traité *De la raison d'État*, où il tente de forger une manière de gouverner catholique contre celle de Machiavel, et participe paradoxalement en cela à formaliser et diffuser cette notion de raison d'État.

Des défenseurs de Machiavel existent aussi, en Italie, en France et ailleurs, qui dès le XVIIe siècle s'efforcent de mieux faire connaître son œuvre. L'image de Machiavel ne sera cependant jamais débarrassée de ce jugement négatif né dans le siècle qui suit sa mort. Son nom à lui seul évoque dans l'imaginaire collectif le mal absolu, et c'est en ce sens que Shakespeare cite, dans la troisième pièce de sa trilogie *Henri VI* (1591), le « meurtrier Machiavel ». Son contemporain Christopher Marlowe est plus sévère encore qui, dans *Le Juif de Malte* (1590), fait réciter par Machiavel le prologue tout en changeant la graphie de son nom en « Machevil » (*evil* signifiant le mal en anglais).

USAGES DE MACHIAVEL

Les caricatures se retrouvent, au fond, jusqu'à aujourd'hui. On pourrait faire des anthologies des critiques superficielles et des détournements de la pensée du Florentin. L'opposition entre les anti-machiavéliens et les lecteurs plus rigoureux se prolonge jusqu'aux Lumières. À l'*Anti-Machiavel* du despote éclairé Frédéric II de Prusse (1740) s'opposent ainsi les réflexions de Rousseau qui, dans son *Contrat social* (1762), soutient à propos de Machiavel que « feignant de donner des leçons aux rois il en a donné de grandes aux peuples », et que *Le Prince* « est le livre des républicains ». Diderot ne dit pas autre chose à l'article « Machiavélisme » (1765) de l'*Encyclopédie* : « Cet homme n'apprend rien aux tyrans [...] mais il instruit les peuples de ce qu'ils ont à redouter. »

Plus tard encore, l'anti-machiavélisme même a pu être réinterprété de façon positive, certains ayant voulu voir en Machiavel le fondateur d'une manière « scientifique » de faire de la politique, en se débarrassant de tout repère moral, pour gouverner « sans faire de sentiments ». C'est le cas, en particulier, des théoriciens fascistes dans l'Italie de l'entre-deux-guerres, qui ont tenté de forger à partir de Machiavel une doctrine de l'ordre et de la puissance d'un État entièrement militarisé. De même, après la Seconde Guerre mondiale, l'idée d'une technicité du pouvoir a séduit les courants néolibéraux, s'érigeant en héritiers de ce faux Machiavel, prophète d'une politique de l'expertise autoritaire, contre toute morale et toute tentative de contrôle démocratique. On ne compte d'ailleurs plus les chefs d'État que l'on dit grands lecteurs et fins connaisseurs de Machiavel – en général pour expliquer leur propension à prendre des mesures impopulaires –, ni même les formations au management et séminaires de *leadership* qui promettent aux chefs d'entreprise, petits ou grands, de discipliner les humeurs de leurs employés rebelles en s'appuyant sur des extraits de l'œuvre du Florentin.

On fait dire, au fond, à Machiavel, à la fois beaucoup plus que ce qu'il voulait dire, et beaucoup moins que ce qu'il dit vraiment. Beaucoup plus, lorsqu'on fait mine de croire que quelques pages du *Prince* et des

Discours auraient eu à elles seules la capacité d'anéantir toute dimension morale dans le métier politique – en ignorant d'ailleurs que cette question du rapport entre la décision et ses limites éthiques ou légales est déjà prégnante dans les siècles qui précèdent, et reste centrale tout au long de la modernité. Beaucoup moins, aussi, lorsqu'on réduit sa parole à une série de maximes qui permettraient aux gouvernants de conserver et de renforcer leur pouvoir contre toute opposition ou toute volonté populaire.

Loin de ces visions réductrices, la vie de Machiavel permet d'abord de comprendre qu'il est un homme de son temps, qui vit et agit *dans* son temps et *à partir* de lui. Un homme doté d'un sens aigu de l'observation, qui cherche à comprendre ce qui détermine et limite l'action, aussi bien dans les conditions externes à celle-ci, que dans la nature même des hommes. Antonio Gramsci, alors prisonnier des geôles où le régime fasciste voulait « empêcher [son] cerveau de fonctionner » et où il resta plus de dix ans, jusqu'à sa mort en 1937, a déjà formulé ce rappel afin de contrer la déformation fasciste de la figure de Machiavel. « Il faut », dit-il, « considérer Machiavel comme l'expression nécessaire de son temps » et comme « étroitement lié aux conditions et aux exigences de son temps ». En particulier, la réflexion de Machiavel s'élabore à partir d'un terreau constitué par « les luttes intérieures de la République florentine », par les « luttes des États italiens les uns contre les autres » et enfin par leurs luttes au sein d'un « équilibre européen » face aux exigences des principales puissances – enjeux dont on a pu voir qu'ils accompagnent tout son parcours, toute son existence.

Bien plus qu'une leçon pour les apprentis tyrans, c'est un rappel de leur fragilité qu'opère en fait Machiavel – un rappel qui peut d'ailleurs être entendu aussi par les peuples, comme celui de leur propre capacité à s'opposer à l'ambition des princes quand ils manifestent leur domination de façon excessive. Machiavel ne trace pas un chemin pour l'affirmation nue du pouvoir absolu, mais il dévoile plutôt les conditions à partir desquelles le pouvoir advient, les tensions, les contradictions sur lesquelles il vient s'ancrer, et qu'on ne saurait jamais définitivement réduire. Comme le rappelle Claude Lefort, « nulle part n'est tracée », chez Machiavel, « la voie royale de la politique ». La seule règle dont le Florentin a pu assez précisément tracer les contours, c'est en définitive celle de la fragilité de la politique et de ceux qui l'incarnent, la fragilité du pouvoir, dont le fondement est par essence conflictuel. Sous le pouvoir, toujours, une division revient et se reconstitue, entre le prince et ses sujets, entre les Grands et le peuple, entre le désir de commander et celui d'être libre… Et, par-delà les hommes toujours prêts à s'affronter, à se déchirer, à s'entre-tuer, nul ne peut deviner à l'avance où s'ouvrira la prochaine brèche, ni quand se présentera la prochaine occasion d'agir – si ce n'est la Fortune, « abusive et importune, [qui] rassemble le monde entier sous son trône ».

CHRONOLOGIE

3 mai 1469 : naissance à Florence de Niccolò Machiavelli, fils de Bernardo Machiavelli et Bartolomea, née de' Nelli.

2 décembre 1469 : mort de Pierre Ier de Médicis, l'aîné de ses fils Laurent lui succède.

1478 : conjuration des Pazzi contre les Médicis au Duomo, mort de Julien de Médicis ; Laurent le Magnifique, blessé, en ressort conforté.

1482 : premiers prêches de Jérôme Savonarole au couvent San Marco, qu'il quitte en 1487.

1490 : retour de Savonarole à San Marco, son auditoire grandit.

8 avril 1492 : mort de Laurent le Magnifique, son fils Pierre II lui succède.

11 août 1492 : élection du pape Alexandre VI (Rodrigo Borgia).

1494 : campagne de Charles VIII en direction de Naples, début des guerres d'Italie. Pierre II est chassé, les Médicis sont bannis, Savonarole s'impose comme figure prééminente entre les partis rivaux.

1497 : bûcher des vanités (en février) ; excommunication de Savonarole (en mai).

Décembre 1497 : premières lettres connues de Machiavel.

7 avril 1498 : mort accidentelle de Charles VIII, au château d'Amboise ; Louis XII lui succède. En échange de l'annulation par Alexandre VI du premier mariage de Louis, autorisant le roi à épouser Anne de Bretagne, celui-ci crée le duché de Valentinois qu'il cède au fils du pape, Cesare Borgia.

23 mai 1498 : arrêté à San Marco en avril, Savonarole est exécuté sur la place de la Seigneurie.

Juin 1498 : élection de Machiavel au poste de second chancelier.

1499-1500 : premières missions de Machiavel ; échec des deux sièges florentins à Pise ; conquêtes de Cesare Borgia en Romagne.

Avril 1500 : victoire française à Novare, et capture du duc de Milan Ludovico Sforza. Louis XII est maître de Milan.

10 mai 1500 : mort de Bernardo Machiavelli, le père de Machiavel.

Juillet 1500-janvier 1501 : légation en France, à la cour de Louis XII.

1501 : mariage de Machiavel avec Marietta Corsini.

Mai 1501 : Cesare Borgia menace Florence, et s'en détourne sur l'injonction de Louis XII.

Septembre 1501 : prise française de Naples.

1502 : premier enfant de Machiavel et Marietta, une fille (Primerana). Le couple aura vraisemblablement sept enfants, dont trois morts en bas âge.

Juin 1502 : soulèvement d'Arezzo et du Val di Chiana, repris avec l'aide française en août.

Juin et octobre-décembre 1502 : légations de Machiavel auprès de Cesare Borgia, à Urbino et à Imola.

22 septembre 1502 : élection de Piero Soderini, gonfalonier à vie de la République.

31 décembre 1502 : tuerie de Senigallia, Cesare Borgia piège et élimine ses lieutenants rebelles.

18 août 1503 : mort d'Alexandre VI. Pie III lui succède et meurt après vingt-six jours de pontificat.

Octobre-novembre 1503 : légation de Machiavel à Rome, pour l'élection du pape. En son absence, naissance de son fils Bernardo. Élection de Jules II

(31 octobre). Cesare est arrêté, puis libéré par le pape en janvier, mais il perd toutes ses possessions.

29 décembre 1503 : bataille du Garigliano, au nord de Naples ; déroute française contre les troupes espagnoles.

Janvier-mars 1504 : deuxième légation en France.

Mai 1504 : installation du *David* de Michel-Ange sur la place de la Seigneurie.

Septembre 1505 : échec d'une nouvelle offensive florentine à Pise.

Décembre 1505 : institution de l'*ordinanza*, projet de milice civique formé par Machiavel. Il supervise lui-même le recrutement d'hommes dans la campagne florentine.

Février 1506 : publication de la *Décennale*, poème composé en 1504 et premier texte imprimé de Machiavel.

Août-octobre 1506 : légation à Rome.

Décembre 1507-juin 1508 : légation en Allemagne, périple dans les Alpes et offensive impériale contre Venise.

Mai 1509 : défaite de Venise face à la « ligue de Cambrai » regroupant la France, l'Empire, l'Espagne et le Pape.

8 juin 1509 : après plusieurs mois de siège sous la supervision de Machiavel, Florence reprend Pise. Les éloges personnels affluent.

Juin-octobre 1510 : troisième légation en France.

1510 : début de la liaison de Machiavel avec Riccia (Lucrèce), courtisane florentine.

1511 : projet français de concile à Pise contre le pape, l'interdit est jeté sur Florence. Quatrième légation en France (septembre-novembre). Le concile est finalement déplacé à Milan.

Juin 1512 : la Sainte Ligue réunissant le pape et l'Espagne reprend Milan à Louis XII et lance l'offensive sur Florence. Les défenses florentines sont balayées et Piero Soderini fuit en août.

16 septembre 1512 : les Médicis prennent la Seigneurie. Fils de Laurent le Magnifique, Julien gouverne avec le soutien de son frère, le cardinal Jean. Machiavel est destitué le 7 novembre.

12 février 1513 : avis de recherche contre Machiavel, qui est arrêté et emprisonné jusqu'en mars.

21 février 1513 : mort de Jules II, Jean de Médicis est élu pape sous le nom de Léon X. Avec son frère Julien aux affaires de la Seigneurie, la domination médicéenne sur Florence est complétée par leur

cousin Jules, qui devient archevêque de Florence, et par leur neveu Laurent.

1513 : retiré à la campagne, Machiavel écrit *Le Prince*.

1513-1514 : écriture de la *Mandragore*.

1er janvier 1515 : mort de Louis XII, avènement de François Ier.

14 mars 1516 : mort de Ferdinand II ; Charles de Habsbourg, duc de Bourgogne régnant sur les Pays-Bas, hérite des couronnes d'Aragon et de Castille.

17 mars 1516 : mort de Julien de Médicis.

1517 : Machiavel commence à fréquenter les *Orti Oricellari* et travaille aux *Discours sur la première décade de Tite-Live*, dont il termine la rédaction vers 1520.

12 janvier 1519 : mort de l'empereur Maximilien Ier ; début de la compétition entre François Ier et Charles de Habsbourg pour le trône impérial.

1519 : mort de Laurent le Médicis.

1520 : premières représentations de la *Mandragore* à Florence en février, puis à Rome. Les frères Strozzi présentent Machiavel au cardinal Jules de Médicis. Achèvement de *L'Art de la guerre*.

9 juillet 1520 : commission à Lucques, signifiant le retour en grâce de Machiavel.

23 octobre 1520 : sacre impérial de Charles de Hasbourg (Charles Quint) à Aix-la-Chapelle.

8 novembre 1520 : commission des *Histoires florentines*.

Mai 1521 : mission auprès des frères mineurs à Carpi et échanges amicaux avec Guichardin.

16 août 1521 : parution de *L'Art de la guerre* chez Giunti.

1er décembre 1521 : mort de Léon X ; son successeur Adrien VI est élu en janvier 1522.

19 juin 1522 : échec de la conjuration contre le cardinal Jules, soutenue par les Soderini.

19 novembre 1523 : après la mort d'Adrien VI, Jules de Médicis est élu pape sous le nom de Clément VII.

Février 1524 : représentation à Florence de la *Clizia*. Débuts de la relation de Machiavel avec la chanteuse Barbera Salutati.

24 février 1525 : bataille de Pavie, défaite française et capture de François Ier par les impériaux ; le roi de France est incarcéré en Espagne.

Mai 1525 : à Rome, présentation par Machiavel des *Histoires florentines* à Clément VII.

Août-septembre 1525 : mission à Venise.

14 janvier 1526 : traité de Madrid et libération de François Ier. Refusant d'en exécuter les concessions,

le roi de France forme la « ligue de Cognac » avec le pape, le roi d'Angleterre, Milan, Venise et Florence.

Avril 1526 : Machiavel est chargé par Clément VII de superviser les fortifications de Florence.

24 juillet 1526 : les impériaux prennent Milan.

19 septembre 1526 : à Rome, l'attaque surprise des Colonna force le pape à une trêve qui signe l'abandon de la Lombardie.

Novembre-décembre 1526 : déroute italienne sur le Pô, mort de Jean des Bandes Noires.

Février-avril 1527 : avec Guichardin, Machiavel suit les préparatifs militaires sur le terrain à Parme, Bologne, Imola, Forlì, Brisighella. Il rentre à Florence le 22 avril. Contournant Florence, les troupes impériales marchent sur Rome : Machiavel accompagne Guichardin et l'armée vers le sud.

6 mai 1527 : sac de Rome.

16 mai 1527 : rétablissement du Grand Conseil, nouvelle instauration de la république à Florence, les Médicis fuient Florence le lendemain. Machiavel rentre à Florence fin mai.

21 juin 1527 : mort de Machiavel.

1529-1530 : siège de Florence, victoire de Charles Quint qui installe Alexandre de Médicis à la tête de la cité. Abolition des institutions républicaines en faveur d'une monarchie héréditaire.

1531-1532 : premières éditions, autorisées par le pape Clément VII, des *Discours*, du *Prince* et des *Histoires florentines*.

1532 : Alexandre de Médicis est proclamé duc.

INDICATIONS BIBLIOGRAPHIQUES

SOURCES

Les extraits sur la Fortune sont tirés du « Capitolo di fortuna » dédié à Giovan Battista Soderini, éd. Nicoletta Marcelli dans *Edizione Nazionale delle opere di Niccolò Machiavelli*, vol. 3, t. 2 : *Scritti in poesia e in prosa*, Rome, Salerno, 2012.

La citation de Roland Barthes à la p. 70 est issue de *Fragments d'un discours amoureux*, Paris, Seuil, 1977, p. 20.

Édition complète des œuvres de Machiavel

L'intégralité des œuvres de Machiavel a fait l'objet d'une édition critique et richement commentée, ici privilégiée : *Edizione Nazionale delle opere di Niccolò*

Machiavelli, coordonné par Jean-Jacques Marchand, Francesco Bausi *et al.*, Rome, Salerno, 1997-2022, 14 volumes en 18 tomes.

Autres éditions en italien

Discorsi sopra la prima deca di Tito Livio, éd. Giorgio Inglese, Milan, Rizzoli, 1984.
I'quadernucci' di Niccolò Machiavelli. Frammenti storici Palatini, éd. Daniele Conti, Pise, Edizioni della Normale, 2023.
Il principe, éd. Giorgio Inglese, Turin, Einaudi, 1995.
Lettere, éd. Franco Gaeta, Milan, Feltrinelli, 1961.
Mandragola, éd. Pasquale Stoppelli, Rome, Bulzoni, 2005.
Tutte le opere, éd. Mario Martelli, Milan, Bompiani, 2018 [1971].

Traductions

Discours sur la première décade de Tite-Live, trad. Alessandro Fontana et Xavier Tabet, Paris, Gallimard, 2004.

Discours sur notre langue, trad. Laurent Vallance, Paris, Rue d'Ulm, 2017.

« *Discursus florentinarum rerum* » *et autres textes politiques*, trad. Jean-Claude Zancarini, Neuville-sur-Saône, Chemins de traverse, 2015.

Il principe/Le Prince, trad. Paul Larivaille, Paris, Les Belles Lettres, 2008.

Le Prince, trad. Jean-Louis Fournel et Jean-Claude Zancarini, Paris, Puf, 2000.

Œuvres, trad. Christian Bec, Paris, Laffont, 1996.

Autres sources

Bandello, Matteo, « Novella I, 40 », dans *Novelle/ Nouvelles*, t. 2, traduction sour la direction d'Adelin Charles Fiorato, Paris, Les Belles Lettres, 2009.

Botero, Giovanni, *De la raison d'État (1589-1598)*, trad. Pierre Benedittini et Romain Descendre, Paris, Gallimard, 2014.

Diderot, Denis, « Machiavélisme », dans *Encyclopédie ou Dictionnaire raisonné des sciences, des arts et des métiers*, t. 9, Neuchâtel [Paris], 1765, p. 793.

Doni, Antonio Francesco, *Visione di un galant'uomo che stava per morire*, dans *Le novelle*, t. 1 : *La moral filosofia. Trattati*, éd. Patrizia Pellizzari, Rome, Salerno, 2002, p. 388-393.

GENTILLET, Innocent, *Discours sur les moyens de bien gouverner et maintenir en bonne paix un royaume ou autre principauté. Contre Nicolas Machiavel Florentin*, s. l., s. n., 1576.

GRAMSCI, Antonio, *Cahiers de prison*, t. 3 : *Cahiers 10 à 13*, trad. Paolo Fulchigoni, Gérard Granel et Nino Negri, Paris, Gallimard, 1978.

NIFO, Agostino, « *De regnandi peritia* », dans Machiavel, *Il principe/Le Prince*, trad. Paul Larivaille, Paris, Les Belles Lettres, 2008.

ROUSSEAU, Jean-Jacques, *Du contrat social*, éd. Simone Goyard-Fabre, Paris, Champion, 2010.

LITTÉRATURE SECONDAIRE

Ouvrages de référence et instruments de travail

Dizionario biografico degli italiani, Rome, Istituto della Enciclopedia Italiana, 1960-2020 ; en ligne : www.treccani.it/biografico.

SASSO, Gennaro, INGLESE, Giorgio (dir.), *Enciclopedia machiavelliana*, 3 vol., Rome, Istituto della

Enciclopedia italiana, 2014 ; en ligne : https://www.treccani.it/enciclopedia/elenco-opere/Enciclopedia_machiavelliana.

Biographies de Machiavel

BAUSI, Francesco, *Machiavelli*, Roma, Salerno, 2005.
BLACK, Robert, *Machiavelli. From Radical to Reactionary*, Londres, Routledge, 2013.
FOURNEL, Jean-Louis, ZANCARINI, Jean-Claude, *Machiavel. Une vie en guerres*, Paris, Passés/Composés, 2020.
GAILLE, Marie, *Machiavel*, Paris, Tallandier, 2005.
LANDI, Sandro, *Machiavel*, Paris, Ellipses, 2008.
LEE, Alexander, *Machiavelli. His Life and Times*, Londre, Picador, 2020.
RIDOLFI, Roberto, *Machiavel* (1978), trad. Paul Larivaille, Paris, Les Belles Lettres, 2019.
VIROLI, Maurizio, *Il sorriso di Machiavelli*, Bari, Laterza, 1998.

Ouvrages collectifs

Bock, Gisela, Skinner, Quentin, Viroli, Maurizio (dir.), *Machiavelli and Republicanism*, Cambridge, Cambridge University Press, 2011.

Cutinelli-Rendina, Emanuele, Ruggiero, Raffaele (dir.), *Machiavelli*, Carocci, 2018.

Fontana, Alessandro, Fournel, Jean-Louis, Tabet, Xavier, Zancarini, Jean-Claude (dir.), *Langues et écritures de la République et de la guerre. Études sur Machiavel*, Gênes, Name, 2004.

Marchand, Jean-Jacques (dir.), *Machiavelli senza i Medici (1498-1512). Scrittura del potere/potere della scrittura*, actes du colloque de Lausanne (18-20 novembre 2004), Rome, Salerno, 2006.

Najemy, John (dir.), *The Cambridge Companion to Machiavelli*, Cambridge, Cambridge University Press, 2010.

Autres travaux sur Machiavel

Barthas, Jérémie, *L'Argent n'est pas le nerf de la guerre. Essai sur une prétendue erreur de Machiavel*, Rome, École française de Rome, 2011.

BOUCHERON, Patrick, *Léonard et Machiavel*, Paris, Verdier, 2008.

—, *Un été avec Machiavel*, Paris, Éditions des Équateurs, 2017.

CARTA, Paolo, « Niccolò Machiavelli e il giudizio politico dalla legazione di Germania al *Principe* », *Il pensiero politico*, 2008, vol. 41, n° 3, p. 314-337.

CASADEI, Alberto, « Note machiavelliane », *Annali della Scuola Superiore di Pisa. Classe di Lettere e Filosofia*, 1987, série 3, vol. 17, n° 2, p. 447-464.

CUTINELLI-RENDINA, Emanuele, *Chiesa e religione in Machiavelli*, Pise, Istituti Editoriali e Poligrafici Internazionali, 1998.

DESCENDRE, Romain, « *Le cose di stato* : sémantique de l'État et relations internationales chez Machiavel », *Il pensiero politico*, 2008, vol. 41, n° 1, p. 3-18.

EISENBICHLER, Konrad, « Sex and marriage in Machiavelli's *Mandragola* : A close(t) reading », *Renaissance et Réforme*, 2017, vol. 40, n° 1, p. 13-25.

FOURNEL, Jean-Louis, ZANCARINI, Jean-Claude, *Machiavelli, un uomo di parole*, Rome, Viella, 2023.

GAILLE, Marie, *Conflit civil et liberté. La politique machiavélienne entre histoire et médecine*, Paris, Champion, 2004.

GILBERT, Felix, *Machiavel et Guichardin. Politique et histoire à Florence au XVIe siècle*, trad. Jean Viviès et Perle Abbrugiati, Paris, Seuil, 1996.

GINZBURG, Carlo, *Néanmoins. Machiavel, Pascal*, trad. Martin Rueff, Lagrasse, Verdier, 2022.

INGLESE, Giorgio, *Per Machiavelli. L'arte dello stato, la cognizione delle storie*, Rome, Carocci, 2006.

LANDI, Sandro, *Le Regard de Machiavel. Penser les sciences sociales au XVIe siècle*, Rennes, PUR, 2021.

LE MAUFF, Julien, « Machiavel et le problème biographique », *Transalpina*, 2022, n° 25, p. 121-136.

LEFORT, Claude, *Le Travail de l'œuvre. Machiavel*, Paris, Gallimard, 1972.

MARCHAND, Jean-Jacques, « I "Ghiribizzi d'ordinanza" del Machiavelli », *Bibliofilia*, 1971, n° 73, p. 135-150.

—, *Studi machiavelliani*, Florence, Polistampa, 2018, 2 vol.

—, « Le lettere familiari di Machiavelli », *Quaderni di Gargnano*, 2018, n° 2, p. 189-199.

MARTELLI, Mario, *Tra filologia e storia. Otto studi machiavelliani*, éd. Francesco Bausi, Rome, Salerno, 2009.

NAJEMY, John M., *Between Friends. Discourses of Power and Desire in the Machiavelli-Vettori Letters of*

1513-1515, Princeton, Princeton University Press, 1993.

Panichi, Alessio, « At the root of an ongoing debate : Machiavelli, Lucretius, and the Rossiano 884 », *Culture del testo e del documento*, 2018, n° 56, p. 5-33.

Pedullà, Gabriele, *Machiavelli in tumulto. Conquista, cittadinanza e conflitto nei* Discorsi sopra la prima deca di Tito Livio, Rome, Bulzoni, 2011.

—, *On Niccolò Machiavelli. The Bonds of Politics*, New York, Columbia University Press, 2023.

Quaglioni, Diego, « Machiavelli, *The Prince* and the idea of justice », *Italian Culture*, 2014, vol. 32, n° 2, p. 110-121.

Rubinstein, Nicolai, « The beginnings of Niccolò Machiavelli's career in the Florentine Chancery », *Italian Studies*, 1956, vol. 11, n° 1, p. 72-91.

Sasso, Gennaro, *Machiavelli e gli antichi e altri saggi*, Milan, Ricciardi, 1987-1997, 4 vol.

Skinner, Quentin, *Machiavel* (1991), trad. Michel Plon, Paris, Seuil, 2001.

Stoppelli, Pasquale, *Machiavelli e la novella di* Belfagor. *Saggio di filologia attributiva*, Rome, Salerno, 2007.

TERRACCIANO, Pasquale, « La politica all'inferno. Rileggendo il sogno di Machiavelli », *Rinascimento*, 2016, série 2, vol. 56, p. 23-51.

VALADIER, Paul, *Machiavel et la Fragilité du politique*, Paris, Seuil, 1996.

VIVANTI, Corrado, *Machiavel ou les Temps de la politique*, trad. Imbert Molina, Paris, Desjonquères, 2007.

ZANCARINI, Jean-Claude, « La révolte des Ciompi. Machiavel, ses sources et ses lecteurs », *Cahiers philosophiques*, 2004, n° 97, p. 9-22.

Sur le contexte florentin et les guerres d'Italie

ALAZARD, Florence, *Jean des Bandes Noires. Un condottière dans les guerres d'Italie*, Paris, Passés Composés, 2023.

D'ERRICO, Dora, « "Se è da fare opera da volgere Arno". Léonard au service du projet de détournement de l'Arno (1503-1504) », *Cromohs*, 2014, n° 19, p. 79-97.

DUC, Séverin, *La Guerre de Milan. Conquérir, gouverner, résister dans l'Europe de la Renaissance*, Ceyzérieu, Champ Vallon, 2019.

Fournel, Jean-Louis, « Florence (1494-1530) : une république de guerre », dans Claudia Moatti, Michèle Riot-Sarcey (dir.), *La République dans tous ses états*, Paris, Payot, 2009, p. 187-225.

Fournel, Jean-Louis, Zancarini, Jean-Claude, *Savonarole. L'arme de la parole*, Paris, Passés/Composés, 2024.

Klapisch-Zuber, Christiane, *Florence à l'écritoire. Écriture et mémoire dans l'Italie de la Renaissance*, Paris, EHESS, 2023.

—, *Retour à la cité. Les magnats de Florence, 1340-1440*, Paris, EHESS, 2006.

Labande-Mailfert, Yvonne, *Charles VIII. Le vouloir et la destinée*, Paris, Fayard, 1986.

La Sizeranne, Robert (de), « Une violation de neutralité au xvie siècle. César Borgia à Urbino », *Revue des deux mondes*, 1918, 6e période, vol. 44, n° 3, p. 525-544.

Luzzatto, Sergio, Pedullà, Gabriele, *Atlante della letteratura italiana*, vol. 1 : *Dalle origini al Rinascimento*, éd. Amedeo De Vincentiis, Turin, Einaudi, 2010.

Mallett, Michael, Shaw, Christine, *The Italian Wars, 1494-1559. War, State and Society in Early Modern Europe*, Londres, Routledge, 2018 [2012], 2e éd.

MANCHIO, Corinne, « Machiavel et les formes du conseil politique face à la catastrophe », *Laboratoire italien*, 2019, n° 23 (doi.org/10.4000/laboratoireitalien.3490).

NAJEMY, John M., *A History of Florence (1200-1575)*, Malden, Blackwell, 2006.

PELLEGRINI, Marco, *Le guerre d'Italia, 1494-1559*, Bologne, Il Mulino, 2017 [2009], 2e éd.

RUBINSTEIN, Nicolai, « Les premières années du Grand Conseil de Florence (1494-1499) », trad. Marc Saint-Upéry, *Revue française de science politique*, décembre 2014, vol. 64, n° 6, p. 1157-1186.

STELLA, Alessandro, « "Ciompi… gens de la plus basse condition… crasseux et dépenaillés" : désigner, inférioriser, exclure », dans Pierre Boglioni, Robert Delort, Claude Gauvard (dir.), *Le Petit Peuple dans l'Occident médiéval*, Paris, Éditions de la Sorbonne, 2002, p. 142-152.

—, *La Révolte des Ciompi. Les hommes, les lieux, le travail*, Paris, EHESS, 1993.

Sur la postérité de Machiavel
et le machiavélisme

CARTA, Paolo, « Les exilés italiens et l'antimachiavélisme français au XVIe siècle », trad. Romain Descendre, *Laboratoire italien*, 2002, n° 3, p. 93-117.

LE MAUFF, Julien, *Généalogie de la raison d'État*, Paris, Classiques Garnier, 2021.

MÉNISSIER, Thierry, « Machiavel et le management : limites et pertinence d'une affiliation », *Rue Descartes*, 2017, n° 91, p. 45-61.

PROCACCI, Giuliano, *Machiavelli nella cultura europea nell'età moderna*, Rome, Laterza, 1995.

RIBNER, Irving, « Marlowe and Machiavelli », *Comparative Literature*, 1954, vol. 6, n° 4, p. 348-356.

RUGGIERO, Raffaele, « Les premières phases de la transmission du *Prince* de Machiavel », *Cahiers de recherches médiévales et humanistes*, 2019, n° 37, p. 465-491.

TABET, Xavier, « La "querelle de Machiavel" en France aux XIXe et XXe siècles », *Annuaire de l'Institut Michel-Villey*, 2013, vol. 5, p. 243-263.

VAN STAEN, Christophe, « Représentations de Machiavel dans la France des Lumières », *La Pensée*, avril 2021, n° 406, p. 95-108.

REMERCIEMENTS

Je tiens à remercier vivement Paul Garapon, à qui l'idée de ce livre fut le premier présentée. Olivier Coquard a accepté de l'accueillir dans la présente collection, et Claude Colombini en a produit la version enregistrée au disque : qu'ils en soient chaleureusement remerciés. Je suis très reconnaissant aux équipes des Presses universitaires de France, à commencer par Hélène Zerkaoui, pour son suivi éditorial et la perspicacité de ses suggestions, Wilfried Fouillaret, pour sa contribution et ses précieux commentaires et Nathalie Cottrel pour la réalisation des cartes.

Ce livre doit beaucoup aux échanges tant académiques qu'informels avec des collègues que je ne pourrais ici tous citer, dont les encouragements ont été précieux. En premier lieu, j'adresse mes remerciements à Jean-Louis Fournel, pour la relecture aussi intransigeante qu'amicale qu'il a consentie au manuscrit. Je remercie aussi Patrick Boucheron, pour son écoute attentive et ses conseils. Je salue également amicalement les machiavéliens et italianistes éminents que sont Valeria Allaire, Juan Carlos d'Amico, Stephen Bowd, Mariella Colin, Alexander Lee, Charlotte McCallum, Alessio Panichi, Valentina Serio, Jean-Claude Zancarini, ainsi que les nombreux collègues avec qui j'ai pu échanger à l'Université de Lille (et au Ceraps) où j'ai eu le plaisir de travailler quand ce livre prenait forme. La vitalité et la convivialité qui règnent au sein de la rédaction de *La Vie des idées* en font un autre de ces lieux qui ont poussé ce projet vers son aboutissement.

Proches et amis ont évidemment compté pour mener à bien l'écriture de ce volume, et je souhaite leur témoigner de ma reconnaissance et de mon affection. La relecture perspicace de mes parents a contribué à la lisibilité du texte. Ce livre n'aurait par ailleurs pas pu être mené à bien sans ceux qui en ont accompagné quotidiennement la conception : Bérénice, Constantin – et Marie-Adeline, devenue machiavélienne malgré elle.

TABLE DES MATIÈRES

Cet ouvrage est le fruit d'une collaboration éditoriale entre La Librairie sonore Frémeaux & Associés et les Presses universitaires de France.

Une version est disponible chez Frémeaux & Associés en un coffret de 3 CDs audio dans la série « Figures de l'Histoire » sous le titre :

Machiavel, par Julien Le Mauff

Tous renseignements sur www.fremeaux.com

DANS LA MÊME SÉRIE

Hitler, par Johann Chapoutot et Christian Ingrao, 2018
De Gaulle, par Bernard Phan, 2019
Le Roi Arthur, par Alban Gautier, 2019
Aimé Césaire, par Véronique Corinus, 2019
César, par Christophe Badel, 2019
Robespierre, par Hervé Leuwers, 2019
Aliénor d'Aquitaine, par Martin Aurell, 2020
Diogène, par Jean-Manuel Roubineau, 2020
François Ier, par Pascal Brioist, 2020
Marc Aurèle, par Véronique Boudon-Millot, 2020
Marie-Antoinette, par Cécile Berly, 2020
Catherine de Médicis, par Céline Borello, 2021
Caligula, par Nicolas Tran, 2021
Charles Quint, par Jérôme Hélie, 2021
Louis XIV, par Stéphane Guerre, 2022
Gorbatchev, par Taline Ter Minassian, 2022
Les Vendéens, par Jean-Clément Martin, 2022
Cléopâtre, par Christian-Georges Schwentzel, 2022
Napoléon III, par Xavier Mauduit, 2023

Senghor, par Elara Bertho, 2023
Dumas, par Isabelle Safa, 2023
Charlemagne, par Bruno Dumézil, 2024
Alexandre VI Borgia, par Jean-Yves Boriaud, 2024
Édouard Glissant, par Aliocha Wald Lasowski, 2024
Léonard De Vinci, par Pascal Brioist, 2024
Pétain, par Jean-Yves Le Naour, 2024

Imprimé en France
par la Nouvelle Imprimerie Laballery
rue Louis Blériot 58500 Clamecy
décembre 2024 - N° 411138

La Nouvelle Imprimerie Laballery est titulaire de la marque Imprim'Vert®